まえがき

　本書は，「その基礎学習のために」というサブタイトルにもあるように社会福祉の入門的な概論書であり，保育士養成校，コメディカル養成校，短大，大学などで学ぶ学生のテキストおよび一般市民の啓発書として編集されたものです。編集方針は次のとおりです。

1．テキストという性格から，わかりやすく入門書としての性格をもつものとする。

2．テキストではありながらも，今日の社会福祉の問題点や課題についてもふれる。

　なお，この度の改訂にあたり，新しい社会福祉概論のテキスト内容にすべく目次についても一部を再編集したほか，より読者の利便性を図ることとしました。

　章構成は10章からなり，次のような順序で構成しています。

① 　まず，「現代社会」における家族・地域社会の変化を踏まえつつ，今日の「社会福祉」について基礎的理解をするとともに，その理念について学びます（第1章）。次に，今日の「社会福祉」に至る歴史を学びます。まず世界で最初に救貧立法を成立させ，いち早く福祉国家を確立したイギリスの歴史を，そして次に日本の歴史を概説します（第2章）。

② 　社会福祉サービスの多くは社会福祉の法に裏付けられており，そこでは国や地方公共団体が重要な役割を果たしています。そこで，社会福祉の法と国や地方公共団体のしくみなどについて学びます（第3章）。次に，社会福祉サービスの各分野（児童福祉，障害者福祉，高齢者福祉，母子・父子・寡婦福祉，生活保護）におけるサービス・支援内容と実施機関等について学びます（第4章）。さらに，住み慣れた地域社会での生活の継続や自分らしく生きることを実現することを目的とした地域福祉について学びます（第5章）。

③　ところで，社会福祉サービスの多くは社会福祉従事者を媒介として提供されることから，その従事者の専門性が常に問われます。したがって，社会福祉専門職の資格制度，専門性と倫理について学ぶ（第6章）とともに，専門技術やソーシャルワーク実践について学びます（第7章）。また，社会福祉サービスを必要としている人の中には，保健や医療等の支援を必要としている人が少なくありません。このような人には福祉と保健，医療等の専門職が連携して支援することが求められることから，保健・医療等との連携について学びます（第8章）。

④　国民の生活を保障するにあたっては社会福祉とともに所得保障や医療保障等もきわめて重要です。そこで，社会保険制度と関連制度について学びます（第9章）。

⑤　今日，国民生活は大きく揺らいでいます。「新型コロナウイルスの感染拡大」は社会的に弱い立場の人ほど，その影響は大きく，これまで潜在化していた問題を一気に顕在化させました。また，「深化・拡大する貧困問題」は深刻で，福祉・介護分野の「人材確保の問題」解決も急務となっています。さらに，「司法と福祉（司法領域でのソーシャルワーク）」も重要な課題となっています（第10章）。

　以上を現在，大学や介護福祉士養成校等で「社会福祉概論」の教鞭をとられている先生方を中心に分担執筆でお願いしました。なお，多人数の分担執筆という性格から，論の進め方の違いや内容の重複などもあろうと思われます。この点については編者の責としてお許し頂きたく思います。

　末尾にはなりますが，お忙しい中，執筆頂いた各先生方およびこの度の改訂にあたり，お世話頂きました中央法規出版第一編集部澤誠二さんならびに第二編集部川脇久美さんに心よりお礼申し上げます。

　2021年11月

編　者

第**1**章　現代社会と社会福祉

第1章

現代社会と社会福祉

家族・地域社会の変化

1 家族の変化

　家族とは，我々が社会生活を営むうえで最も基礎的な集団である。家族の生活というとき，そこには日常の寝食をともにすること，家計のために外に働きに出ること，家の中を居心地よく整えること，構成員の中に幼い子どもや年老いた親がいれば面倒をみることといった，さまざまな営みが思い浮かぶ。心の安らぎや休息を得るといった目に見えない部分も含めて，人の生活の安定や幸福の獲得に家族が果たす役割は大きい。

　しかし，そうした家族のもつ役割とは別に，家族の形態は時代とともに変化してきた。

　一般に住居と生計をともにする集団のことを「世帯」と呼ぶが，産業の中心が農業などの第一次産業であった 1920 年代から 1950 年代半ばまで，我が国の 1 世帯あたり平均世帯人員はほぼ 5.0 人であり，1950（昭和 25）年の時点では 6 人以上の世帯は全体の約 40% 弱を占めていた。

　これが，その後 1950 年代から 1970 年代にかけての高度経済成長期を機に産業構造の中心が第二次産業，第三次産業へと移行していくにつれて，平均世帯人員は一貫して低下傾向を示してきた。1953（昭和 28）年に 5.00 人だったものが，1992（平成 4）年に 2.99 人と初めて 3 人を下回り，2019（令和元）年に 2.39 人とさらに減少した。その傾向は今後も続き，2040（令和22）年には 2.08 人になると推計されている。

図1-1　世帯数と平均世帯人員の年次推移

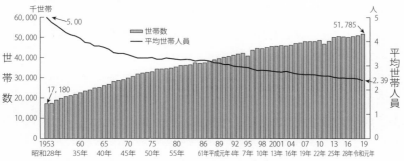

注：1）1995（平成7）年の数値は，兵庫県を除いたものである。
　　2）2011（平成23）年の数値は，岩手県，宮城県及び福島県を除いたものである。
　　3）2012（平成24）年の数値は，福島県を除いたものである。
　　4）2016（平成28）年の数値は，熊本県を除いたものである。
資料：厚生労働省「2019年国民生活基礎調査」

図1-2　世帯構成の推移と今後の見通し　　　　　　　　　（単位　%）

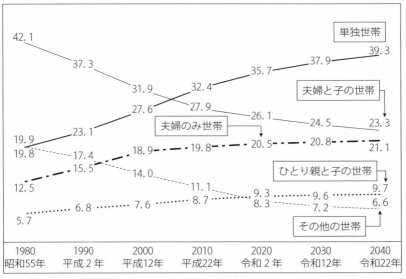

資料：国立社会保障・人口問題研究所「日本の世帯数の将来推計（全国推計）（2018（平成30）
　　　年推計）」

図1-1をみると，平均世帯人員の減少に反して世帯数は一貫して増加傾向にあり，世帯の規模が縮小化していることが読み取れる。少子高齢化の進行をもたらしたとされる未婚化・晩婚化・非婚化といったライフスタイルの変化や寿命が伸びたことによる高齢者人口の増加が要因としてあげられる。

　今日では夫婦と未婚の子どもからなる典型的な核家族世帯の数は頭打ちしており，代わって単独世帯や夫婦のみ世帯，ひとり親世帯の増加がみられる。特に高齢者の単独世帯や高齢者夫婦のみ世帯の増加は著しい。

　このように，今日では人が暮らす姿はさまざまなかたちを取っており，家族の形態は多様化している。

2 地域社会の変化

　「遠くの親戚より近くの他人」ということわざがあるように，かつて人々は生活していくうえで近隣の人たちとの関係を重要視してきた。家族や親族からの援助が得にくいとき，人は地域の中の近隣ネットワークを頼り，住民相互の助け合いにより生活を営んできた。

　しかし，高度経済成長をもたらした産業化の進展は都市や農村の姿を変え，地域社会がもっていた住民同士の関係や生活環境を大きく変えていくこととなった。

　都市部ではサラリーマン家族が多数を占め，生活に必要な物やサービスを金銭で購入することがあたりまえとなった暮らしは，金さえあれば近隣の人に援助を求めなくても成り立ってしまうかのような意識を住民にもたらした。地域のしがらみに縛られず，また他人に干渉されずにすむ私生活は，自由ではあるが，地域の中での人と人とのかかわりを希薄なものにしていった。また都市の生活環境は，便利で効率的な反面，住宅難や交通渋滞，公害，犯罪といった社会問題を生むことにもなった。

　一方，農村部では，青壮年層が都市へと流出していったことによる人口の減少と急激な高齢化がみられるようになった。農業の担い手の減少は，農家

の兼業化や他職種への転業を進行させ，農地が宅地に取って代わるところも目立つようになった。高齢者が多数を占め，実質的な農家が少なくなってくると，伝統的にみられた住民間の共同体的なつながりや助け合いの機能が弱くなってくるのもやむを得ないことであった。またこうした地域では，農業に代わる産業が育たず，学校や病院などの公共的な施設が統廃合されるなど社会資源の不足が問題視され，生活基盤がもろい中で高齢者の生活不安や後継者の確保難に悩まされているのが実情である。

3 変化に伴う福祉問題

　家族の小規模化・多様化や地域社会の変化は，それまでもっぱら家族内で対処することとされていたことや，必要に応じて近隣の助けを得ながら行われてきた家庭生活の営みや社会生活の遂行を実施困難なものにしている。

　例えば子育てについては，育児責任が主として母親に課せられ，相談し頼る相手もいない母親は，四六時中子どもと向き合うだけの生活から育児不安やストレスを抱えている。それが高じて起こる子どもへの虐待は今や大きな社会問題となっている。また，仕事との関係で，長時間勤務が当然のように求められる企業風土の中，子育てと仕事の両立に悩む夫婦も多い。近年増加しているひとり親家庭，特に母子家庭においては，経済的に困窮する中で子どもの教育やしつけ，健康管理を担う親の負担の大きさが指摘されている。

　一方，寝たきりの高齢者や認知症の高齢者を抱える家庭では，配偶者や子どもといった特定の介護者が，排泄や入浴などの世話や昼夜を問わない見守りに心身ともに疲れ果て，休息もとれずに苦しんでいるケースが少なくない。とりわけ，高齢者が高齢者の介護をせざるを得ない「老老介護」や，認知症の高齢者を介護する介護者自身が認知症を患っている「認認介護」の家庭においては，家族全体の健康や安定した衣食住の確保が著しく損なわれる場合が多く，早急な社会的対応が求められている。

　その他，近年では，一つの世帯に複数の課題が存在する状態や，世帯全体

が孤立している状態が見られるために，従来の支援体制の早急な見直しが求められるケースが少なくないとされている。一例として，「8050問題（80歳代の親と50歳代の子どもの組み合わせによる生活問題）」「ダブルケア（同時期に介護と育児の複数のケアを担う）」「ヤングケアラー（本来大人が担うと想定されている家事や家族の世話などを日常的に行っている子ども）」「ごみ屋敷（ごみ集積所ではない建物で，ごみが積み重ねられた状態で放置された建物もしくは土地）」などがあげられる。

　かつて福祉問題といえば，社会の中のある特定の人々に起こるきわめて部分的・限定的な問題として認識されていた。戦後の一時期，日本社会は高度経済成長により多くの国民が「働いていれば食べていける」社会を実現した。国民の多くが学校を卒業すれば安定的な職を得ることができ，仕事を通じて得た賃金で家族の暮らしや子どもの教育にお金をかけることができた。ところが1990年代以降，バブル崩壊を機に国内外の環境の変化が国民の生活を一変させることになった。今や日本社会は，お金，住まい，人のつながりを失う生活が続き，しかしそこから抜け出すための手立てが得られず，日々の暮らしに継続的な困難さを抱える人々が子ども・若者から高齢者に至るまで存在する社会である。

■参考文献
・岩田正美『現代の貧困―ワーキングプア／ホームレス／生活保護』筑摩書房，2007年
・厚生労働省編『令和2年版 厚生労働白書』2020年
・中沢卓実・結城康博編著『孤独死を防ぐ―支援の実際と政策の動向』ミネルヴァ書房，2012年
・厚生労働省老健局『高齢者等が一人でも安心して暮らせるコミュニティづくり推進会議（「孤立死」ゼロを目指して）報告書』2008年
・第1回「一人ひとりを包摂する社会」特命チーム（内閣官房）『「一人ひとりを包摂する社会」の構築に向けた課題』2011年
・赤石千衣子『ひとり親家庭』岩波書店，2014年
・藤田孝典『貧困世代―社会の監獄に閉じ込められた若者たち』講談社現代新書，2016年
・本田由紀『社会を結びなおす―教育・仕事・家族の連携へ』岩波ブックレット，2014年

社会福祉とは

1 福祉の用語の意味

　社会福祉ということばは今日，私たちにとって身近なものになっているが，どのような意味かと問われると，その返答は容易ではない。そこで本節では，社会福祉の用語の意味から考えてみたい。

　まず「福祉」ということばは福も祉も「さいわい，しあわせ」という意味であり，福祉とは人の幸福にかかわることを扱うことがわかる。だが，幸福というのは実に漠然としており，また何を幸せと感じるかは個人差が大きい。家族や恋人と過ごすひとときを幸せと感じる人もいれば，仕事がうまくいったことに幸せを感じる人もいるだろう。趣味に代表される好きなことをしているときに幸せを感じる人も少なくないであろう。こうしたことに一つひとつ応えようとするのは現実的ではない。

　社会福祉は英語の social welfare（ソーシャル・ウェルフェア）の訳語である。welfare とは well（十分に・満足な）と fare（暮らす・やっていく）の合成語で「快い暮らしの基盤」という意味合いになる。ここに「社会的」を意味する social が加わることで，社会福祉とは国民各人の「快い暮らしの基盤づくりのための社会的努力」を指すことばだということになる。

　私たち一人ひとりがそれぞれの描く幸せな生活を実現するには，その土台に安定した，よい生活環境がなければならない。その生活環境を自力で獲得することが困難な状態になったとき，社会福祉はその人の暮らしを支え，そ

の人の生きる権利を保障しようとする。そうした社会的努力のうえに国民の幸せな生活が成り立つのである。

　ところで，社会福祉を意味する social welfare ということばであるが，今日では social well-being（ソーシャル・ウェルビーイング）を用いることが一般的になりつつある。well-being とは「満たされた生活」を意味することばであるが，人権の尊重，自己実現，最善の利益といった価値観を含み，welfare よりも生活の質の豊かさを志向している。社会のメンバーである一人ひとりの国民がそれぞれに満足する暮らしの実現は，社会福祉にとってまさに理想の状態というべきであろう。

２　目的概念と実体概念

　「社会福祉」には，次の二通りの使われ方がある。一つは，社会福祉を国民生活の到達すべき目標としてとらえるもので，国家は国民が幸せな生活を送れるよう目指すべきだとする考え方である。こうした使い方を「目的概念」としての社会福祉という。

　もう一つの使い方は，乳幼児から高齢者まで，さまざまな国民の福祉を追求するために設けられた，具体的な施策や制度・サービスの中身を指す言葉として社会福祉をとらえるとするものである。この場合の使い方を「実体概念」としての社会福祉という。

　今日，社会福祉といえば，後者，すなわち「実体概念」としての社会福祉を指すのが一般的である。日中保護者に代わって子どもの保育を行う保育所，高齢者や障害者の家庭を訪問し，介護や家事援助を行うホームヘルパー，老人ホームなどの各種施設といった，自助努力だけでは自らの生活を維持できない人々に対して，自立と QOL（Quality of Life：生活の質）を目的に提供されるさまざまな社会的サービスや制度の総称を社会福祉という。そのサービスは，社会福祉士や介護福祉士，保育士といった専門職が相談援助や介護，保育などの対人的なかかわりを通して，援助を必要とする人の個別の

生活に応じて提供していく「対人社会サービス」という特質をもっている。

3 社会福祉と社会保障

　ところで，国民の生活を支え，国民の福祉を追求することを目的とする社会的なしくみは社会福祉に限らない。

　ここで，社会福祉と密接な関係にあり，さまざまなかたちで国民の生活に寄与する制度である「社会保障制度」を取り上げ，社会福祉と社会保障との関係を整理したい。

　社会保障制度とは，個人の責任や自助努力だけでは対応が難しい不測の事態に対して，生活を保障し，生活の安定化を図るための公的な制度のことをいう。『厚生労働白書』（平成29年版）では，社会保障の機能として，①生活安定・向上機能，②所得再分配機能，③経済安定機能の三つをあげている。これらの機能は，相互に重なり合いながら国民の暮らしの基盤を支える役割を担っているのである。

　社会保障制度という言葉が意味するものは国によりさまざまであるが，我が国においては制度別には社会保険，公的扶助，社会福祉，公衆衛生および医療の四つを指す場合が一般的であり，社会福祉は社会保障制度の一分野として位置づけられている。

　これらの諸制度はそれぞれ異なった役割と内容をもち，国民の生活上の問題に対応するようになっている。

　社会保険は，生活上の困難をもたらす一定の出来事（保険事故）が発生した場合に，被保険者があらかじめ拠出した保険料をもとに，定められた現金や現物の給付を行うしくみである。病気を保険事故とする医療保険，老齢・障害・生計中心者の死亡による所得の喪失を保険事故とする年金保険をはじめ，雇用保険や労働者災害補償保険，介護保険がある。

　公的扶助は，現に生活に困窮している状態にある者に対し，健康で文化的な最低限度の生活を保障するために，国家が租税を用いて最低生活費に足り

図 1-3　社会保障の体系

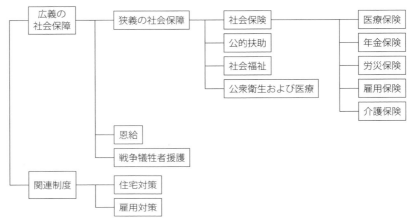

出典：福田素生「社会保障制度と社会福祉」福田素生ほか『＜系統看護学講座 専門基礎分野 健康支援と社会保障制度３＞社会福祉　第12版』医学書院, p.6, 2009年

ない部分の金品を支給する制度である。我が国では生活保護制度が代表的なものである。

　公衆衛生および医療は，国民が健康に生活できるよう，疾病の予防，健康の維持増進を目的に地域社会で展開される活動のことをいう。健康診断や予防接種，保健指導など住民に対し直接的に行う活動をはじめ，医療施設および病床の整備や医療従事者の養成確保，安全で良質な水や食品の確保などといった環境の整備が含まれる。

　このように，国民の生活を支えるための社会的なしくみはさまざまであり，社会福祉はこうした制度と組み合わさって生活問題の解決や緩和を図っていくのである。

■参考文献
・仲村優一・秋山智久編『＜新・セミナー社会福祉１＞社会福祉概論 改訂』ミネルヴァ書房, 2005 年
・古川孝順・庄司洋子・定藤丈弘『＜有斐閣Ｓシリーズ 51＞社会福祉論』有斐閣, 1993 年
・山縣文治・岡田忠克編『＜やわらかアカデミズム・〈わかる〉シリーズ＞よくわかる社会福祉 第３版』ミネルヴァ書房, 2005 年

日本国憲法と社会福祉

日本国憲法（以下，「憲法」という）は，国家と国民との間における権利・義務を定めた我が国の基本法であり，同時に社会福祉の法の成立根拠ともなるものである。憲法第25条，第13条，第14条は社会福祉法制のみならず，社会福祉の行・財政を支えている指導理念として重要である[1]。本節においては，これら三つの条文を取り上げる。

1 憲法第 25 条 （生存権）

憲法第25条の「生存権」は社会福祉とのかかわりの中で中心的な位置にあるものである。まず，その条文をみる。

第1項には「すべて国民は，健康で文化的な最低限度の生活を営む権利を有する」，第2項には「国は，すべての生活部面について，社会福祉，社会保障及び公衆衛生の向上及び増進に努めなければならない」とある。

この第1項は生存権を示すものであり，「健康で文化的な最低限度の生活」を営むことは国民一人ひとりの「権利」ということである。なお，ここでいう「最低限度の生活」は単に物質的生活の充足という意味ではなく，「健康で文化的」という健康の保持と文化的側面をも含んでいるものである。

---

1 小笠原正・秋山薊二・武永親雄編『社会福祉の基礎体系─視座の拡大とその展開』中央法規出版，p.67，1985年

表 1-1　日本国憲法第25条の法的性格に関する三つの学説

①　具体的権利説
第25条は，直接に国民に対して具体的な権利を与えたものである。法律が存在しない場合でも，憲法の本条を根拠として訴訟を起こすことができる。
②　プログラム規定説
第25条は，国政の目標または方針を宣言したプログラム規定である。国民の生存権を保障するよう政治的・道徳的義務を課したものにすぎず，個々の国民に対して具体的な権利を保障したものではない。
③　抽象的権利説
生存権は法律によってはじめて具体的な権利になるものであるが，第25条は，国に立法・予算を通じて生存権を実現すべき法的義務を課している。

注：朝日訴訟等における最高裁判決は，基本的にプログラム規定説の立場に立つが，学説では
　　抽象的権利説が多数説である。
出典：社会福祉士養成講座編集委員会編『＜新・社会福祉士養成講座12＞社会保障　第５版』
　　中央法規出版，p.10，2016年

　また，第２項においては，この「生存権」の保障について「国」が「社会福祉，社会保障及び公衆衛生」の施策をもって実現すべく義務を記しているものである。ここでいう実現のための施策としての「社会福祉，社会保障，公衆衛生」の意味するところは次のように解釈できる[2]。

①　社会福祉は，狭義の社会福祉を意味し，高齢や障害等により社会生活を自立して送ることが困難な人々に対する対人的サービスあるいは施設入所などのサービスを中心とするものである。

②　社会保障も，狭義の社会保障を意味し，国民の生活を脅かす各種の貧困原因となる社会的事故（失業，病気など）に際しての所得保障や医療保障，公費負担制度の生活保護などを中心とするものである。

③　公衆衛生とは，狭義の意味の公衆保健＝疾病予防＝健康保全の医療・保健サービスだけでなく，生活関連環境ならびに健康維持・保全にかかわるもので，各種の公害対策や，都市生活環境保全対策，住居＝住宅対策

2　仲村優一・小山路男編著『＜明日の福祉１＞戦後福祉の到達点』中央法規出版，p.104，
　1988年

などを含むものである。

つまり、憲法第25条の意味するところは、国民の「生存権」を国が、これら施策によって保障しようとするものである。

ところで、ここでいう「最低限度の生活」の意味するところは、その時代、その地域の生活水準やニーズによって異なってくるものである。つまり、憲法が制定された時点と今日の社会における「最低限度の生活」の意味するところは大きく異なるものであり、国民の生活水準の向上に合わせて「最低限度の生活」水準も向上するという関係にある。したがって、国の政策もその水準の向上を保障する中身とならなければならないということである。

2 憲法第13条（幸福追求権）

次に、「幸福追求権」を示す第13条の条文をみる。

「すべて国民は、個人として尊重される。生命、自由及び幸福追求に対する国民の権利については、公共の福祉に反しない限り、立法その他の国政の上で、最大の尊重を必要とする」とある。

ところで、ここでいう「幸福追求」ということは、「生存権」の保障のほか、労働権や教育権などのさまざまな権利の実現を前提として成り立つものである。したがって、「生存権」のいう「健康で文化的な最低限度の生活」の水準にあっても「幸福追求」を目指すことを可能とする内容を意味するものが期待されるということである。

3 憲法第14条（普遍平等性原理）

普遍平等性原理を示す第14条の条文をみる。

「すべて国民は、法の下に平等であって、人種、信条、性別、社会的身分

又は門地により，政治的，経済的又は社会的関係において，差別されない」
（第2項，第3項省略）

　つまり，法の下の平等保障の実現を掲げたものであり，公的な社会福祉施
策の面においても，平等にその保障を受けることができるとしたものである。

　以上のように，国民は「健康で文化的な最低限度の生活」を営む権利を有
し，国はこの国民の権利を保障する義務があるということである。なお，国
が保障する「最低限度の生活」の水準は国民生活水準の上昇に伴って上昇す
るものとしてあり，かつ，国民の個々人が「幸福追求」することを可能とす
る水準が求められる。さらに，国民はこのような権利の保障を平等に受ける
ことができるといえる。まさに，社会福祉はこの国民の権利を具体的に保障
しようとするものである。

■参考文献
・宇山勝儀『社会福祉の法と行政』光生館，1995年
・渡辺洋三『憲法のはなし』新日本新書，1992年
・一番ヶ瀬康子監『＜介護福祉ハンドブック＞社会福祉における人権と法』一橋出版，2000年

社会福祉の理念

社会福祉の理念は具体的な社会福祉制度のあり方の方向を示すだけでなく，社会福祉の実践場面においても重要な意味をもつものである。今日の社会福祉の理念は，「人権の尊重」の視点に立つものであり，基本となる理念としてノーマライゼーションやインクルージョン，自立などがある。本節では，これらの理念と，これら理念を具体化させるバリアフリーの考え方を取り上げる。

1 ノーマライゼーション

ノーマライゼーション（Normalization）の理念は，1950年代にデンマークのバンク‐ミケルセン（Bank-Mikkelsen, N.E.）の大規模施設での隔離主義や，劣悪な処遇への批判や反省に基づく人間主義をもとにしている。[3]バンク‐ミケルセンは，新聞記者として働いていた際，ナチスへの抵抗運動を行い，強制収容所に捕えられた。収容所での人権や自由を無視された自身の体験が，当時の知的障害者の隔離された大規模施設処遇と重なることとなる。バンク‐ミケルセンは，ノーマライゼーションを「もし自分がその立

3　1920年代末から1950年代まで，ほとんどの場合，優生手術をしてあることが，知的障害者が施設から社会へ出るときの必要条件であった。花村春樹訳著『＜福祉BooksⅡ＞「ノーマリゼーションの父」N.E.バンク‐ミケルセン―その生涯と思想 増補改訂版』ミネルヴァ書房，p.44，1998年

場になったらどうあってほしいかを考えれば，そこから自然に導き出されて
くる答えなのです」とも述べているように，社会省の担当官のときに，「知
的障害をもつ親の会」の「自分たちの子どももほかの子どもたちと同じよう
に……」という願いを受け 1959 年法（精神遅滞者福祉法）の法案にノーマ
ライゼーションという言葉を取り入れたのであった。同法の「知的障害者の
ために可能なかぎりノーマルな生活状態に近い生活を創造する」は，ノーマ
ライゼーション理念の基盤となっている。

　ノーマライゼーションの考え方は，その後スウェーデンにも取り入れら
れ，同様の法律が 1967 年に制定されている。法律の成立に重要な役割を果
たしたニィリエ（Nijie, B.）は知的障害のある人がノーマルな生活をしてい
くための八つの原則，すなわち，①１日のノーマルなリズム，②１週間の
ノーマルなリズム，③１年間のノーマルなリズム，④ライフサイクルでの
ノーマルな経験，⑤ノーマルな要求の尊重，⑥異性との生活，⑦ノーマルな
経済的基準，⑧ノーマルな環境基準を示している。さらに，1970 年代にヴォ
ルフェンスベルガー（Wolfensberger,W.）によってアメリカ，カナダに紹
介され，「障害者の権利宣言」（1975 年）や「国際障害者年」（1981 年），「国
連・障害者の十年」（1983 ～ 1992 年）に取り入れられるとともに世界共通
の福祉理念として展開をしている。

2 インクルージョン

　インクルージョン（Inclusion）は，ノーマライゼーションの発展とも考
えられ，「包含」「包括化」などと訳される。1980 年代に学校教育の場で注
目され，1994 年のユネスコによる「特別なニーズ教育に関する世界会議」
でのサラマンカ声明で国際的な注目を集めた。インクルージョン教育の考え
方は，障害児だけでなく，虐待を受けた子どもや外国籍の子ども，理由を問
わず単に学校に行っていない子どもなど，あらゆる子どもに必要な支援が提
供されることを前提とし，すべての子どもたちが地域の学校に包み込まれ，

共に学ぶというものであった。

　ノーマライゼーションが障害者に特化したところから始まったことに対し，インクルージョンは障害者や高齢者，地域から排除されたホームレス，学校や地域に居場所を失った若者，外国籍などの多様性を視野に入れ，制度や分野の枠や，支える・支えられるという関係を超えて，人と人，人と社会がつながり，一人ひとりが生きがいや役割をもち，助け合いながら誰もが地域で包み込まれて暮らしていく地域共生社会の実現を目指している。

3 自立

　社会福祉における「自立」は，アメリカの自立生活運動（IL：Independent Living 運動）に影響を受けている。1962 年のカリフォルニア大学に，四肢麻痺と自発呼吸に障害のあるロバーツ（Roberts, E.）が入学した。前例がない中で，ロバーツは障害学生がいかに生活の質をよくしていけるかということを考え，具体的にその課題に取り組み，行動をしていく。

　ロバーツは新しい「自立観」として専門家に支配されるのではなく，自己決定権の行使によって自己選択することと定義した[4]。例えば，「２時間かけて自分で服を着るよりも，人の手を借りて 10 分で服を着て，残りの時間を社会での活動に使ったほうがより自立している，そのために人の手を借りることはかまわない」と主張している。根底には，障害のある人のことは，障害がある人が一番よく理解しているという考えが流れている。「自立」という言葉は，身体的自立であるとか安定した職業について経済的に自立することであるというように考えられていた。しかし，重度の障害があるため「職業的自立」や「日常生活動作の自立」が困難な人は，永遠に自立ができないことになる。それゆえ，依存しても自己決定する自立が可能であるというロ

4　佐藤久夫・北野誠一・三田優子編著『＜福祉キーワードシリーズ＞障害者と地域生活』中央法規出版，p.12，2002 年

バーツの自立観は，たとえ重度の障害があっても自立が可能となる画期的な提言となっている。

4 バリアフリー

バリアフリー（Barrier-free）は，ハンディキャップのある人が社会生活を送っていくうえでのバリア（障壁）を除去するという意味で，次の四つがあげられている。

① 物理的バリア：公共交通機関，道路，建物などにおいて，移動面で困難をもたらす。ホームと電車の隙間，段差，路上の放置自転車，すべりやすい床など。

② 制度的バリア：社会や行政のしくみ，法制度によって機会の均等を奪われる。学校入試，就職や資格試験において障害を理由に受験を制限するなど。

③ 心理的バリア：市民や家族などの態度・偏見，事業者や設計者などの専門家の意識のあり様。障害がある人をかわいそうな存在と思うなど。

④ 情報のバリア：情報の伝達，情報公開，教育のしくみ，コミュニケーションなど。音声のみのアナウンス，タッチパネルのみの操作盤など。

バリアを除去するための法律としては，不特定多数の人が利用する施設のバリアフリーの促進を図ることを目的とした「高齢者，身体障害者等が円滑に利用できる特定建築物の建築の促進に関する法律」（ハートビル法）（1994（平成6）年），公共交通機関利用にあたってのバリアフリーを促進する「高齢者，身体障害者等の公共交通機関を利用した移動の円滑化の促進に関する法律」（交通バリアフリー法）（2000（平成12）年）がある。さらに，「ハートビル法」と「交通バリアフリー法」を統合・拡充した「高齢者，障害者等の移動等の円滑化の促進に関する法律」（バリアフリー新法）（2006（平成18）年）が成立している。「バリアフリー」は，誰にとっても利用しやすく

するという考え方（「ユニバーサルデザイン」）に基づく取り組みを併せて推進していくことが求められている。障害がある人や高齢者に配慮しエレベーターを設置しておけば，妊婦や怪我をした人など誰もが便利なようにすべての人に適したものになるからである。

　このような経緯を踏まえて「ユニバーサル社会の実現に向けた諸施策の総合的かつ一体的な推進に関する法律」（ユニバーサル社会実現推進法）（2018（平成30）年12月）の公布・施行へとつながっている。

■参考文献
・花村春樹訳著『＜福祉Books11＞「ノーマリゼーションの父」N.E. バンク – ミケルセン―その生涯と思想 増補改訂版』ミネルヴァ書房，1998年
・ヴォルフェンスベルガー，W.（中園康夫編訳）『ノーマリゼーション―社会福祉サービスの本質』学苑社，1982年
・ニィリエ，B.，河東田博ほか訳編『ノーマライゼーションの原理―普遍化と社会改革を求めて 新訂版』現代書館，2004年
・佐藤久夫・北野誠一・三田優子編著『＜福祉キーワードシリーズ＞障害者と地域生活』中央法規出版，2002年

第2章

社会福祉のあゆみ

イギリスにおける
社会福祉のあゆみ

　本章では現在の社会福祉のしくみが具体化する歴史的経過を学ぶ。本節では諸外国のうちイギリスにおける社会福祉のあゆみを概説していく。

　諸外国の中でもイギリスにおける社会福祉のあゆみを取り上げたのは，世界で最初に救貧法を設け，貧困を個人的問題から社会的な問題としてとらえ，地域共同体による救済および慈善事業から国家責任として国民生活を保障するしくみを整えたからである。さらに，社会保障制度の構築にあたって他の国々に多くの影響を与えているためである。

　個人の力では対処困難な，思いがけない疾病や生活上の問題を，社会全体でどのように支えてきたのか，また，日本と異なる社会背景，社会福祉の発展過程を学ぶことで，共通する社会福祉の役割とは何かについて考察を深めてほしい。

1 古代社会から中世社会のあゆみ

　イギリスにおける古代社会は，食料を中心とする生産が人口増加に追いつかず，常に生活困窮との戦いの中で，相互扶助による救済がなされた時期である。

　中世社会は，人間関係の社会形態が，農村では領主と農奴，都市ではギルドといわれる同業組合によって構成され，ともに相互扶助機能を有していた。例えば農村では，領主が農奴に土地の耕作権を与え厳しい搾取をする一

方で，自然災害などの非常時には慈善的救済を行った。農奴は村落共同体に属して領主の束縛，共同体内での協調という二重の束縛を受けていた。貧しく厳しい生活であった反面，生活困難な人々への救済は領主による慈善的救済と共同体の相互扶助によって守られるという構造であった。

　そのため，貧困による社会的救済を必要としたのは，労働能力をもたず身寄りのない，いわば例外的な存在であり，宗教的慈善による対応が主であった。

2 エリザベス救貧法から福祉国家の成立まで

① エリザベス救貧法成立前後

1 救貧法成立の背景

　そうした例外的な存在としての生活困難な人々への慈善的救済が，社会的対応を迫られるようになったのは，15世紀に入ってからであった。イギリスは中世から羊毛の生産国であったが，特にこの時期は商工業の発達，なかでも毛織物工業が急速に発達して16世紀前半には大輸出国になった。

　そのような時代背景のもと，領主は農奴に土地を耕地として使用させるより毛織物を生産するのに欠かせない羊毛を供給する牧場に転換するほうが有利と考えた。そして，耕地を生け垣で囲い込んだ。そのため，農奴たちは生業を奪われ，働く場所を失ったのであった。

　さらに封建階級の解体，宗教改革による教会領没収が行われ，物価上昇，工業化による都市人口の増加，賃金労働者の増加の一方で，仕事にありつけない生活困難な状況にある人々の増加がみられたことから，具体的な対応をどのようにするのかが国政の大きな課題とされた。16世紀には物乞いと浮浪の禁止や処罰を行うなど，複数の救貧法が制定された。それらを集大成したエリザベス救貧法が1601年に制定された。

2 エリザベス救貧法

エリザベス救貧法は生活困難な人々を「貧民」と呼び，労働能力の有無を基準に，①有能貧民，②無能貧民，③児童の三つに分類した。労働能力をもつ貧民には道具と材料を用意し，労働を強制した。一方，労働能力のない貧民には，祖父母から孫に至る直系血族間の扶養義務を前提にして生活の扶養を行い，児童には徒弟奉公の義務を課した過酷な内容であった。

しかし，こうした救済内容では十分効果が上がらないことがわかると，労役場に入ることを救済条件とするなど，過酷な生活と労働を強制することによって，貧民が救済申請を思いとどまる過程を取り入れた。このような非人間的取り扱いは，人道主義的立場の人々から非難を受けるようになる。

こうした非難を受けて，ギルバート法が1782年に制定され，労役場を労働能力のない貧民の収容施設とし，労働能力のある貧民を失業者ととらえ，雇用の斡旋を優先した。それが不可能な場合，また賃金が生活維持に不足する場合は，補足する院外救済を認めた。

そののち1795年にはスピーナムランド制度を設けて，家族数とパンの価格をもとに救貧法による保護基準を定め，賃金が保護基準に満たない場合，その不足分を救貧税で補う対応をした。しかし，貧困者の本質的な救済には至らなかった。

||②産業革命と生活条件の悪化

18世紀後半，イギリスは世界初の産業革命を迎えた。機械の発明と機械による工場生産の導入によって，生産力のいちじるしい飛躍をもたらした。

初期には水力を利用して機械工場を山間部に建築したが，蒸気機関の開発とともに工場は交通の便利な平野部に移り，新しい工業都市を生み出した。しかしその一方では，生産力の発展が労働者の生活を豊かにするどころか，機械化によって熟練した技術をもつ職人を必要としなくなり，特別な技術をもたない労働者，女性や児童の長時間労働や低賃金に苦しむ労働者を多く生み出した。また，大気汚染や上下水道もないなどの劣悪な生活環境は，職業

病，感染症を蔓延させ，労働者の健康を破壊するとともに，労働者の多くは非人間的な居住環境におかれ，スラム化していった。

当時の社会では勤労と節約を是とする宗教の影響を受け，貧困は個人の怠惰，無能力の結果，個人の責任と考えられた。

しかし，生活環境の悪化に抗議した労働者一揆が1830年に起こり，また救貧税の納税者からは，増え続ける救貧費に対して批判が出てくるようになった。

||| ③ 新救貧法

このような社会背景をもとに，王命救貧法調査委員会が1832年に設置された。同委員会の勧告を受けて，救貧法改正法が1834年に議会で可決された。この救貧法改正法は「新救貧法」と呼ばれている。

新救貧法は，①救済水準を全国的に統一，②強制労役場（労働能力をもつ貧民の居宅保護を廃止して救済を労役場に限定），③劣等処遇の原則（救済水準を実質，救済を受けていない最下層の労働者の生活水準以下に抑える）という三つの特徴をもっていた。貧困を個人の責任として，救済を自助の失敗に対するみせしめとした考え方は，改正前と変わらなかった。

||| ④ 社会事業の近代化

新救貧法制定以降も，19世紀のイギリスは産業革命による繁栄の反面，都市労働者の悲惨な生活が社会問題化していた。新救貧法による救済だけでは十分でないと，1860年代には博愛精神に基づいた，民間団体による慈善救済が活性化した。

しかし，この慈善救済活動は各慈善団体が個別に実施し，相互の連絡調整が行われていたわけではなかった。そのため慈善救済活動の存在を知ることもなく，救済を受けられなかった人々もいた反面，救済に依存する人々が現れるなど混乱を生じた。

1 先駆的援助活動の萌芽

　このような状況を踏まえ，1869年には慈善組織協会（Charity Organization Society：COS）が設立された。慈善組織協会は，地区ごとに生活困窮者の個別調査，家庭訪問の実施，記録化をするとともに，各慈善事業団体間の連絡調整を行った。個別調査や家庭訪問の実施等による援助は今日の社会福祉援助技術の中でも個別援助技術の，また連絡調整は地域援助技術の萌芽とされている。

　さらに，都市では，生活困窮者の多く住むスラム街が社会生活上の治安や公衆衛生面から問題とされるようになった。そうした状況下で，ロンドンでは1860年代にスラム街でバーネット（Bernett, S.）らによって建設されたトインビーホールを拠点としたセツルメント活動が盛んに取り組まれた。セツルメント活動とは，知識と人格を兼ね備える人がスラム街に住み込んで，貧民との知的および人格的接触を通して福祉の向上を図ることをいう。このような活動は救済にとどまらず，20世紀の集団援助技術の先駆的活動として意義深い。

2 貧困観の転換

　こうした先駆的活動に加え，調査によって当時の貧困観を転換していく取り組みとして次の二つがある。

　一つはブース（Booth, C.J.）による「ロンドン調査」である。調査を通して貧困が個人に原因がある場合はごく少数で，多くは資本主義社会の社会的しくみによる不安定雇用，低賃金が原因であることを明らかにした。

　二つめは，ラウントリー（Rowntree, B.S.）による「ヨーク市の労働者の家庭生活調査」である。ヨーク市の労働者家庭の生活調査を通して，1組の男女が結婚して家庭をもつと子どもが生まれ，養育費や教育費が生活費に占める割合が高くなるので児童手当が，退職後は賃金が得られなくなるので年金制度が必要という提言につながった。

　この調査によって貧困は社会構造によって生み出されるということを科学的に明らかにした。このことは，貧困問題解消を目的としたイギリスの社会

保障制度，福祉国家成立へとつながる基礎となった。

3 ベヴァリッジ報告

1941 年にはベヴァリッジ（Beveridge,W.H.）を委員長とする「将来の社会保障のありかたについて検討する委員会」（行政官，実業家，社会科学者から構成）が設置され，翌年，戦後の社会保障計画（通称：ベヴァリッジ報告，Beveridge Report）をイギリス政府に提出した。この報告書は，社会保障の原点とされ，イギリスをはじめ後の先進国における社会保障の指針となったと評価されている。その特徴は，個人のライフステージ「ゆりかごから墓場まで」にわたる包括的な社会保障計画を提示した点にある。

ベヴァリッジ報告は，その報告の中で，健康保険，失業保険，年金などを，あらゆる国民がその対象になるような統一制度のもとで整備されることを示した。そこで次のような考えを説いた。①イギリスの既存の保険と扶助のシステムを根本的に改革すべきである。②社会保険の組織は社会進歩のための包括的な政策の一部分である。社会保険によって窮乏は所得保障という点から克服することができる。一方，窮乏は社会の再建を阻む五つの巨人の一つにすぎず，他には疾病，不潔，無知，怠慢という四つの巨人があり，これらを克服するには，保健・医療，教育，住宅・環境，労働・完全雇用などを含む総合的な社会保障が必要とされる。③国民の自発的な行動を阻害しない範囲で，国家は国民の最低限度の生活を保障すべきである。

ベヴァリッジ報告によれば，「社会保険」は個人の窮乏を解決し，所得を保障する中心となる制度として基本的なニーズに対応するしくみとした。被保険者は保険料の納付を強制されるが，保険料の拠出額と給付額は均一とされた。疾病や高齢化にかかる費用が発生した際には，権利として給付を受けることができる。「国民扶助」は，病気や失業のために十分な保険料拠出ができなかった場合，国庫負担で所得の保障を行う制度である。

国民扶助は社会保険を補完するものであり，それによって満たされない個々のニーズを最低生活の水準まで適切に満たすべきであるが，扶助が必要とされる資力調査を条件として，加えて稼得能力の回復を早めるよう努力するという条件のもとで支給される。

社会保険制度の進展と完全雇用を可能とするケインズ主義的経済政策の実施によって，国民扶助の役割は縮小すると想定されていた。しかしながら，社会保険料拠出条件を満たすことのできない国民，給付の受給条件を満たすことのできない国民の存在が，扶助の永続的な対象として残されることとなった。

4 イギリスにおける「ゆりかごから墓場まで」福祉国家の成立

1945年以降，ベヴァリッジ報告は法制度的に具体化されていく。1946年11月には国民保健サービス法（National Health Service Act）が成立し，ベヴァリッジ報告の構想であった包括的保健サービスが実現した。

続いて1948年国民扶助法の成立，施行により，救貧法は名実ともに役割を終えることになった。国民扶助法には，高齢者や障害者へのサービス提供の規定が盛り込まれており，ようやくイギリスの福祉国家体制が整ったとされる。

3 現代社会の包括的総合的な社会保障制度

社会保障の中心は社会保険にあるが，均一拠出・均一給付の制度であるため，保険料拠出額を最低水準に押さえなければならず，給付額も低く設定せざるを得なかった。社会保障制度が進展して国民の最低限度の生活が保障されることによって，国民扶助の給付は縮小すると予測されていたが，実際には戦後すぐにインフレーションが進行し，社会保険のみでは生活水準を保障することができず，国民扶助の受給者は増加し続けた。1959年には，年金の所得比例拠出・給付方式の導入のための法改正がなされ，ベヴァリッジの提唱した基本的理念は転換を余儀なくされた。

⚫① イギリス社会保障の展開

　1973年に世界中が経済的打撃を受けたオイルショックを機に，イギリスでも経済が大きく低迷する中で，ソーシャルワーカーの業務，役割，機能の総点検と今後の動向を見据えた報告書が，1982年5月にバークレイ（Barclay, P.M.）を首班とする17名の委員によって起草された。これがいわゆる「バークレイ報告」である。この報告書は将来のイギリスにおけるソーシャルワーク専門職のあり方についてとりまとめられている。

　具体的には，コミュニティを基盤としたカウンセリングと社会的ケア計画を統合した実践であるコミュニティソーシャルワークを提唱した。報告書では，これまで行われてきたカウンセリング中心主義からコミュニティ志向へ移行するためには，一般市民をパートナーとしてみなすことができるかどうか，すなわちソーシャルワーカーの「心のもち方」が重要であると指摘している。

　その後，後述する国民保健サービス及びコミュニティケア法（National Health and Community Care Act）が制定され，「ケアマネジメント」が登場することとなる。

　この法律制定への直接的なきっかけとなったのは，1985年，1986年にそれぞれ報告が出された「監査委員会報告（Audit Comission Report）」である。

　1985年報告では，公的ケアの分析から，数々の無駄や運営上の問題が指摘されている。1986年報告では，効率的なケアを実現するために地域ケアをいっそう推進すべきことが提言されている。

　ここで大事なことは，それ以前に行われている各種サービスが必ずしも要援護者のニーズに一致していなかったり，明らかに不要なものがあるという指摘である。要援護者の要望と，サービス提供者の判断が，真に生活上の課題改善に結びつくことと一致しているとは限らないという事実は，後の「ケアマネジメント」の必要性を制度化する基盤となっている。

　サッチャー（Thatcher, M.H.）政権の時代（1979〜1990年），国家の役割の縮小を推進し，民営化や福祉の削減という「小さな政府」化を推進し

たことで経済は活性化した。

　さらに 1985 年と 1986 年に報告された監査委員会の報告を受けて，1988年に地域ケアを推進するためのケアマネジメントの概念を提唱したのがグリフィス報告（Griffiths Report）である。

　コミュニティケアを施設や病院だけではなく，在宅で家族や周りの人々にも広げ，施設から在宅へと，福祉多元主義が具現化し，コミュニティケアに関して地方自治体が責任をもつようグリフィス報告によって謳われた。

　当時のサッチャー政権の「福祉削減」「反福祉国家路線」へのお墨付きを得て，結果的には，高齢者の入所施設の財源を国から地方自治体に移譲する等が実行されている。コミュニティケアのため資源を有効活用すべき，市場主義の導入やケアマネジメント導入，コミュニティケア計画策定などがなされている。

⑵ 国民保健サービス及びコミュニティケア法

　グリフィス報告に基づいて，1990 年，国民保健サービス及びコミュニティケア法（National Health and Community Care Act）が制定された。

　この法律の英文表記をみてもわかるように，その内容は保健・医療・福祉の一体化したものである。具体的なケアマネジメントの実施に関連する記載としては，「地域での尊厳ある生活の継続」「個人と QOL：Quality of Life」「ケアマネジメントのキーパーソンたるケアマネージャーの任命」「ケアマネージャーの関与ないケア（サービス）の禁止」などが謳われている。

　地域でのよりよい生活，個人の尊厳や自立を踏まえた QOL（生活の質）の向上を目指す活動であることを学ぶべきといえる。

■参考文献
・仲村優一・一番ケ瀬康子編集委員会代表『世界の社会福祉―イギリス』旬報社，1999 年
・National Institute for Social Work, Social Works-Their Role&Task（www.nisw.org.uk/
socialwork/）
・小田兼三「イギリスにおける社会福祉政策の動向（臨調行政改革と社会福祉の動向）」『社会福
祉学』第 23 巻第 2 号，1982 年
・大住荘四郎『パブリック・マネジメント―戦略行政への理論と実践』日本評論社，2002 年
・樫原朗「1990 年代の国民保健サービス II ―サッチャー・メジャーの時代からブレアの時代へ」
『神戸学院経済学論集』第 31 巻第 4 号，2000 年
・角田修一「イギリスにおける福祉国家および社会政策の動向と課題」『立命館経済学』第 50 巻
第 1 号，2001 年
・樫原朗「イギリス社会保障の動向と現在」『大原社会問題研究所雑誌』第 517 号，2001 年

日本における
社会福祉のあゆみ

1 古代から近世

① 古代社会と救済

　日本の社会福祉の黎明は，当時の天皇や豪族などが支配階級として国家体制を築いた頃にさかのぼる。その慈善救済方法も天皇個人の救済から，地方の豪族や僧などによる救済と，国家による公的な救済など厳密な区別が難しい場合が多くある。聖徳太子が593年四天王寺を建立した際，その一角に鰥寡・孤独・貧窮・病者の救済事業として四箇院を創設し，貧困者や身寄りのない高齢者を1か所に集め保護を開始したことにさかのぼるとされている。その四箇院は，施薬院（薬草を栽培し，病人などに施薬する施設），療病院（無縁病者の手当てをする施設），悲田院（困窮孤独者の救済施設），敬田院（教化施設）である。これらは，当時伝来した仏教の尊重と慈悲の立場からの救済活動によるものだった。

　718年に制定された「戸令」では，救済の対象を「鰥寡孤独貧窮老疾，不能自存者」および行路病人と定め，鰥（61歳以上で妻のない者），寡（50歳以上で夫のない者），孤（16歳以下で父のない者），独（61歳以上で子のない者），貧窮（財貨に困窮する者），老（66歳以上の者），疾（疾病者・障害者），不能自存者（自ら生きていくことができない者），行路病人（旅行者を指すが任地へ向かう防人・使役で都に向かう公民の保護）の賑恤の規定が

存在している。しかし，救済方法は，まず，家族や近親者による相互扶助，次いでそれが不可能な場合には近隣社会の村落共同体による援助活動，さらに不可能な場合に公的な救済がとられた。

奈良時代に入ると，天災や凶作，多発した自然災害に対して「屯倉」という食糧貯蔵所が設置された。また，備荒制度として「義倉」という（凶作のとき窮民を救うため穀物などを蓄える）施策や「常平倉」という（疾病や穀物の急騰に対応する）施策，加えて賑給制度（朝廷からの物資の救済）も成立した。

また，仏教思想に基づいた救済活動は，平安時代になると，最澄，空海などに受け継がれたが，このような慈善活動のほかは，皇室や朝廷を中心に公的救済制度が行われていたにすぎなかった。

||| ② 中世社会と救済

鎌倉時代に入ると，武家の支配体制により，武士，農民，商工業者のように身分階層が細分化していった。支配者である封建領主の生活を支えるため，農民に年貢や労役という重い負担が課せられて，生活は困窮し，行き倒れや餓死する者が急増した。そこで，法然，親鸞，道元，栄西，日蓮，一遍らにより，身分に関係なく等しく救済されることが説かれ，庶民の生活に仏教思想が浸透し，相互扶助組織や民衆の団体も徐々にできあがっていった。

室町時代に入ると，農民や宗教集団を中心とした土一揆が各地で起こるが，村落共同体の「惣」とよばれる扶助組織による連携と結束による救済活動が行われた。

1549年にキリスト教が伝えられると，布教活動とともに救貧，施療，孤児や寡婦の保護をはじめとした慈善活動が行われ，育児院や療病院の創設に加えて病院も建設されて西洋医学も伝えられた。

||| ③ 近世社会と救済

徳川氏による強力な幕藩体制が整えられた江戸時代は，士・農・工・商の

厳格な身分制度が存在した。そのため，年貢の未納や逃亡，犯罪等を防止するため五人組制度による，農民相互の監視の強化と連帯責任の重視とともに，隣保相扶の組織がつくられた。

　江戸には，石川島に人足寄場，授産所，御救小屋，救療施設として小石川養生所が設置された。また，松平定信は，町費を節約した額の七分を備荒貯蓄に積み立てる七分積金制度を創設した。江戸時代後期には，貨幣経済がかなり浸透し，商業資本が発展していくが，各藩の財政的な窮乏は避けられず，農民，町人，下級武士などの貧困化が表面化した。やがて，民衆の世直し要求や一揆，ええじゃないかの騒動へ発展し，国内の経済的な困窮が幕藩体制の崩壊につながる要因となった。

2 近代以降

① 近代日本の成立と公的救済

　明治政府は，急速な近代化政策を行い，近代国家にふさわしい国民の創出を目指す中で，1868（明治元）年には「鰥寡孤独廃疾ノ者，憫ムベキ事」を定めたことで，封建時代の村落共同体で行っていた救済を，親族扶養や隣保相扶を中心に据えた地域共同体の相互扶助に求めた。1871（明治4）年に「廃藩置県」が実施され，多くの士族は生活の糧を失うこととなった。また，1873（明治6）年には「地租改正」が行われ，収穫量や米価の変動による不安定収入の貧しい農民は，より大きい租税負担となり，各地で農民一揆が頻発した。都市では貧困層に加え，地方からの離村農民の流入により都市下層社会が形成された。労働者階級と資本家階級の関係の中で多くの「賃金労働者」が生み出され，近代的な貧困層が出現することになった。そこで，明治政府は公的救済制度の確立なくしては，社会不安や労働力の確保という問題に対処できない状況となり，ようやく1874（明治7）年に公的救済として「恤救規則」を定めることとなった。

恤救規則は前文に「済貧恤窮ハ人民相互ノ情宜ニ因テ其方法ヲ設ヘキ筈」とあるように，貧困者の救済を家族親族・地域の住民同士の人情交流に救済の基本をおき，救済の責任をまず国民相互に求めた。そのうえで，高齢者・児童・疾病や障害などで労働ができず自力では全く生活できない者，身寄りのない者を「無告の窮民」として救済する恩恵的で恣意的な中央集権的管理を活用した救済だったといえる。

　これでは窮乏に対応することは困難であったが，市町村財政の負担が増加することや，濫救のおそれがあるなどを理由に法律改正には及ばなかった。その背景には，公的救済は怠け者をつくるという根強い惰民観があり，恤救規則は1932（昭和7）年の「救護法」の実施まで約60年間継続した。

② 民間慈善事業と組織化

　多量な貧困層の出現とともに国民の生活困難に対応したのは，民間の慈善事業であった。その多くはキリスト教や仏教など宗教的基盤に基づき，石井十次は1887（明治20）年に「岡山孤児院」を設立し，無制限収容や，家族的小舎制，乳児の里親委託などイギリスの児童養護施設に学び，その後の社会福祉施設や児童処遇のあり方に大きな影響を与えている。石井亮一は，女子の孤児院を試みる中で知的障害児の存在に気づき，知的障害者施設「滝乃川学園」を1891（明治24）年に設立した。留岡幸助は，非行少年を処罰の対象とするのではなく，家庭教育を中心に労働・教育を一体化した児童処遇を行う「北海道家庭学校」を1914（大正3）年に設立し，児童自立支援施設の経営を通じて監獄改良・地方改良事業にも尽力した。また，山室軍平を中心として1895（明治28）年に活動を始めた「救世軍」は，貧困者の救済や刑務所を出所した人の保護などの活動に加えて，当時公認されていた売春の廃止を求める廃娼運動にも貢献した。さらに，地域に定住して教育や保健活動を進めていく中で，地域の問題を改善していこうとする「セツルメント運動」を，片山潜が1897（明治30）年東京にキングスレーホールを設立して日本最初の隣保館としての取り組みを始めた。

　日本は，日清戦争の多額の賠償金による急速な産業の拡大と，資本の蓄積

が進展し，こうした産業資本主義の拡大は，都市部を中心としたスラム地域を拡大させ，賃金労働者の劣悪な労働条件の加速は社会問題としての新しい貧困が顕著になってきた。当時の状況を横山源之助は1899（明治32）年『日本之下層社会』で，東京の貧民街や京浜工業地域や関東地区での低賃金労働者や，貧困層の労働と日常生活の実態を社会問題として科学的に分析している。

　明治政府は，これまでの救貧・救済を主とした慈善事業に対し，天皇制的慈恵を基本として自治運営をする道徳主義的な考え方と，自立意識の高揚を隣保相扶に求める思想教化のもとに，防貧・教化を加えた「感化救済事業」を民間慈善事業に求めた。1908（明治41）年に「感化救済事業講習会」を開催するなど，救貧は国民の独立心を妨げるという風紀の善導を感化として国民への浸透を図った。同年「中央慈善協会」が設立され，各地の民間慈善事業団体の組織化が進み，今日の全国社会福祉協議会へと展開している。

⑶ 社会事業の成立

　1914（大正3）年から始まった第一次世界大戦は，日本の重工業にめざましい発展と好景気をもたらしたが，インフレーションによる物価の高騰が起こり，終戦とともに不況が押し寄せ急速に生活不安が高まった。そのような状況の中で，1918（大正7）年，富山県で起きた米の安売りを求めた「米騒動」は，たちまち全国に波及し，警察力で抑えることができず，軍隊が出動し鎮圧する地域もあった。さらに，1923（大正12）年に関東大震災が起こり社会不安は深刻さを増していった。

　こうした社会不安の一方で，民主主義的風潮が高まり，憲政擁護運動や普通選挙制度運動，女性の権利獲得など，当時としては比較的民主的な「大正デモクラシー」とよばれる人道的な雰囲気がつくられ広がっていった。これまでの「恤救規則」では貧困者や低所得階層に対応できないばかりか，個人的な恩恵に頼る慈善事業はすでに限界に達しており，政府も救済の責任を回避することは，社会不安への対応上不可能となった。そこで，内務省に「社会局」を新設し，「中央慈善協会」も「中央社会事業協会」と改称し，「慈善

事業」や「感化救済事業」という時期から「社会事業」と呼ばれるようになっていった。しかし，その実態は従来の家制度や親族相扶・隣保相扶に委ねられ，治安維持的な要素を有するものであった。なお，1917（大正6）年に岡山県知事笠井信一が済世顧問制度をつくり，翌年に大阪で小河滋次郎による方面委員制度が発足し，「社会事業」の組織化につながっていった。これらの制度は今日の民生委員・児童委員制度へと発展している。

④ 救護法の制定

　社会事業の進展に伴い，社会問題を民間の立場から受け止め，大都市のスラム街に移り住み，住民との交流を重ねながら貧困をはじめとした社会問題を解決していこうとする，セツルメント活動も盛んになってきた。しかし，1927（昭和2）年の金融恐慌，1929年のアメリカに端を発した世界恐慌により，やがて日本は昭和恐慌とよばれる深刻な経済危機にみまわれることになった。都市では多くの失業者を生み出し，農村では農産物の価格の暴落により多額の債務を抱えた。東北地方を中心とした凶作は追い打ちをかけ，欠食児童や娘の身売り，母子心中が相次ぎ，内務省社会局は1929（昭和4）年「救護法案」を議会へ提出し，翌年に実施するとの付帯決議を付けて公布した。しかし，世界恐慌による財政難のあおりを受け実施は遅れ，民間社会事業関係者らの強い要望と，方面委員を中心に救護法実施促進運動もあり，競馬法の改正で競馬による益金の一部を財源として充てることによって3年後の1932（昭和7）年にようやく「救護法」の実施となった。被救護者の収容施設が法的に位置づけられ，委託金や補助金によって施設運営が安定し，国の管理を明確にしたが，国民の救護を受ける権利は明記されなかった。

⑤ 戦時下の社会事業

　日本は，経済的危機状態の打開策として，戦争と軍備拡張に伴う軍需生産の拡大に活路を見いだすために，1931（昭和6）年満州事変を勃発させて日中戦争に突入し，以後太平洋戦争へと展開していくことになる。1938（昭

和13）年に「国家総動員法」を公布し政治・経済・社会・文化の諸施策を
はじめ，物資や労働力・思想までも戦争遂行のために動員を可能とした。社
会事業も方面委員制度をはじめとして，戦時体制の中に組み込まれた。同年
に「社会事業法」が制定されるが，民間社会事業に期待された助成は十分で
はなく，当時の社会事業に対する政府の統制の役割を果たすものであった。

さらに，同年，国民の体位向上や健康維持によっていわゆる戦争に役立つ
人的資源の確保，健民健兵政策を中心的ねらいとする「厚生省」が設置さ
れた。1940（昭和15）年の「紀元2600年記念全国社会事業大会」において，
社会事業は「厚生事業」と戦争遂行のために改称・転換させられた。

3 戦後の社会福祉の成立と動向

① 戦後の混乱期と社会事業の整備

第二次世界大戦は1945（昭和20）年8月に終わった。敗戦国日本の国内
では，空襲により焼け出された多くの国民はやっとの思いで命をつなぐあり
さまであった。このような戦災者や浮浪者，失業者に加え，戦地や旧植民地
からの帰還者により人口が増え，食糧や物資は極端に不足し，国民は飢餓状
態に陥った。

戦争と社会事業の関係を振り返ると，日本の対外政策が近隣のアジア諸国
に植民地政策を押しつけ，その人々の主権を奪い，社会事業も協力し実践を
行っていた事実があることを，歴史的教訓として見逃すことができない。

政府は，同年12月「生活困窮者緊急生活援護要綱」を閣議決定し，歳末
を迎えるための宿泊・給食・救護施設の建設・生活必需品の給与などの緊急
処置を暫定的に行った。

GHQ（連合国軍総司令部）から提出を求められた失業者・貧困者に関す
る「経済福祉計画」に対し，GHQは，1946（昭和21）年2月「社会救済
に関する覚書」（SCAPIN第775号）を出した。そこで，無差別平等の原

則（国家による救済は平等に行う）・国家による生活保障の原則（国民の最低生活の保障を国家責任で行う）・公私分離の原則（国家責任を民間に転嫁しない）・支給金無制約の原則（救済に必要な支給金額に制限を設けない）の４原則を示した。この覚書を機に，同年に従来の救護体制を統合した旧生活保護法が制定された。

||| ② ナショナルミニマムと社会福祉三法体制

　1947（昭和22）年，日本国憲法は，社会福祉・社会保障の重要性を明言した生存権の保障・基本的人権の尊重を基本原理として施行された。

　同年に「児童福祉法」が制定された。その背景には，戦災孤児や浮浪児などの保護という緊急の課題があった。しかし，本法は保護を必要とする児童のみではなく，すべての児童を対象とし，その健全育成を助長する方針により児童保護的対応から児童福祉へ大きく転換したのである。

　1949（昭和24）年には「身体障害者福祉法」が制定された。その背景には，当時の身体障害者のかなりの部分は戦傷病者で占められており，援護を急務とされていたことがある。日本で初めての身体障害者を対象とした法律として意義は大きかったが，補装具の交付や訓練によって職場復帰を目標としたものであり，重度障害者に行き届くには至らなかった。1950（昭和25）年には社会保障制度審議会から「社会保障制度に関する勧告」（50年勧告）が出され，同年に旧生活保護法を改正した「生活保護法」が成立した。これにより，国民に不服申し立ての権利を認めたことで，国民の権利性を明確にし，国家責任および無差別平等による最低限度の生活保障を認める，ナショナルミニマムとしての生存権を保障し，社会事業から社会福祉へと近代化した。

　また，「児童福祉法」「身体障害者福祉法」「生活保護法」の福祉三法と合わせて1951（昭和26）年「社会福祉事業法」（現在の社会福祉法）の施行により，社会福祉の推進ならびに生活保護費の適切な給付実現のため「福祉事務所」が設置され，「社会福祉協議会」が社会福祉増進のための事業に関する調査・企画・連絡調整などを目的として開設された。

⦿③ 高度経済成長期と社会福祉六法体制

　1960（昭和 35）年，当時の池田内閣が掲げた「国民所得倍増計画」は1970（昭和 45）年までにその目標を大きく上回り，実質国民所得は 3 倍にのぼった。しかし，産業構造の変化と生産拡大による環境汚染，公害の発生，農村部から都市部への人口集中に伴う過疎・過密問題，人々の健康を破壊する事件などさまざまな高度経済成長のひずみが生じ社会問題が現れた。

　そこで，市民運動が活発になり，また，革新自治体の登場と同時に社会福祉への期待や要求も高まっていった。1957（昭和 32）年に提訴した「朝日訴訟」は，生活保護の水準に疑問を投げかけ，裁判は敗訴となったがその後の生活保護の水準が大幅に上がることで，社会福祉や人権への社会の関心を高めた。

　1958（昭和 33）年に「国民健康保険法」，翌年に「国民年金法」が制定され，ここに国民皆保険制度・皆年金制度がスタートしたが，知的障害者については，18 歳未満の人は児童福祉法のもとで対応し，18 歳以上の人には何の対応策も講じられていなかった。その後，親たちによるさまざまな運動が実り，1960（昭和 35）年に「精神薄弱者福祉法」（現在の知的障害者福祉法）が制定された。

　急激な経済成長は，核家族化の進行により家族の機能低下をもたらし老後の生活を不安定にした。戦後，高齢者は生活困窮者として，生活保護による対応がなされていた。施設も戦前の救護法による養老院が生活保護法による養老施設としての位置づけであった。そこで，一部の貧困な高齢者だけを対象とするのではなく，すべての高齢者を対象とする「老人福祉法」が 1963（昭和 38）年に制定された。

　さらに，核家族化による家族の形態の変化は，多くの母子家庭の生活に厳しさをもたらしていた状況から，母子福祉法（現在の母子及び父子並びに寡婦福祉法）が 1964（昭和 39）年に制定された。こうして，福祉三法に精神薄弱者福祉法・老人福祉法・母子福祉法が加わり，福祉六法の体制が整った。

④ 福祉見直しと日本型福祉社会論の登場

1971（昭和46）年より「社会福祉施設緊急整備5か年計画」が実施され，施設が量的には整備されていくことになった。1973（昭和48）年には70歳以上の高齢者に対して医療費の公費負担制度が導入されるなど，この年には，社会保障関係費の当初予算が増大し，経済優先から福祉優先へと生活重視に転換したことで，「福祉元年」と呼ばれた。

しかし，同年10月に原油価格の高騰により日本経済は次第に衰退の兆しを見せ始め，極端なインフレに見舞われ深刻な不況が到来した。翌年には実質経済成長率が戦後初めてマイナス成長となり，社会保障全体を少ない費用で進めていく「福祉見直し」の時代となった。

1975（昭和50）年以降の日本は，行政改革の名のもとに経済の低成長時代における社会福祉のあり方の検討がなされ，財政制度審議会は社会保障についての報告で「受益者負担原則」と「効率的社会保障制度の再編」を主張するなど，高齢化社会の到来に伴う財政のあり方について，「効率」と「合理化」をキーワードとしている。さらに，1979（昭和54）年「新経済社会7カ年計画」では，非効率な福祉国家を歩む西欧型の社会構造を否定し，日本古来の家族などを中心とする相互扶助を基本とした社会を目指す「日本型福祉社会」が論じられた。また，「増税なき財政再建」を掲げて登場した第二次臨時行政調査会は，「活力ある福祉社会の実現」を提言し，国の財政負担の軽減を目的とした自助・互助（共助）・公助・民間活力の導入を基本とする政策転換を全面に打ち出した。

⑤ 社会福祉基礎構造改革の動向と課題

戦後50年を経た1980年代半ばより始まった社会福祉の制度改革の動きは，1990（平成2）年「老人福祉法等の一部を改正する法律」の成立・公布による，いわゆる「福祉関係八法改正」にみられる。

この改正された八法とは，老人福祉法，身体障害者福祉法，精神薄弱者福祉法（当時），児童福祉法，母子及び寡婦福祉法（当時），社会福祉事業法（当

時），老人保健法，社会福祉・医療事業団法（当時）である。この「八法改正」では，地域福祉の充実を主な目的として，制度改革を進めるためこれまでの施設ケア中心の福祉から，在宅ケア中心の福祉へ大きく視点が移ることになる。こうして，市町村の役割を重視した高齢者保健福祉サービスの整備を図る新ゴールドプランや，子育て支援を整備するエンゼルプラン，ノーマライゼーションの実現のための障害者プランの三つが策定されるに至った。

さらに，1997（平成 9）年より中央社会福祉審議会が「社会福祉基礎構造改革」として社会福祉制度全般の見直しと改革の分科会審議を開始した。これまでの社会福祉のパターナリズムに基づくサービスの提供姿勢を省み，福祉サービスを利用者主体のサービスの提供を核として，自己責任と社会連帯による福祉社会の創造と，自助努力と自己責任に伴うリスクへのセーフティーネットが構築されることへの期待がふくらんだ。

2000（平成 12）年 6 月にこれまでの「社会福祉事業法」を改正し，「社会福祉法」が制定された。この改正は，情報公開の義務，いくつかの規制緩和，措置制度を見直すなど，戦後日本の社会福祉制度の転換を意味するものである。

2000（平成 12）年の介護保険法の施行による介護関連サービスの利用制度，2003（平成 15）年施行の障害児・者福祉の分野での支援費支給制度の導入は，「措置から契約へ」のスローガンの象徴でもある。そこでは，一部の生活困窮者のための救済に重点をおくにとどまらず，すべての国民に対して普遍的な自立生活を支援していく施策の充実を図るねらいが見られる。

2005（平成 17）年 6 月には介護保険法の改正に伴い，介護予防システムが導入された。同年 10 月には障害者自立支援法が成立した（公布は同年 11 月）。この法律は，障害者の自立の観点から，障害者の地域生活と就労を勧め，かつ，これまで三つの障害種別ごとに異なる法律に基づいて提供されてきた福祉サービスや，公費負担医療などを，共通の制度により一元的に提供できるシステムを創設したものである。

内閣府は 2012（平成 24）年 8 月，子ども・子育ての新たなしくみである「子ども・子育て支援法」「就学前の子どもに関する教育，保育等の総合的な提供の推進に関する法律の一部を改正する法律」（認定こども園法の一部改

正）「子ども・子育て支援法及び就学前の子どもに関する教育，保育等の総合的な提供の推進に関する法律の一部を改正する法律の施行に伴う関係法律の整備等に関する法律」（関係法律の整備法）の子ども・子育て関連3法が公布され，2015（平成27）年4月から施行された。2016（平成28）年4月には，子ども・子育て支援法の改正により，仕事・子育て両立支援事業が創設され，その中に企業主導型ベビーシッター利用者支援事業と，企業主導型保育事業の二つがある。所管する内閣府が，事業所内保育事業を行う認可外保育施設等の設置者に対して助成等を行う事業で，その中心は企業主導型保育事業である。認可外保育施設であるため，設置や利用に関しての窓口が市町村ではなく，利用には保護者とその施設との直接契約となっている。認可保育所並みの補助金が支給されることから急速に広がったが，保育士の配置基準が認可保育所よりも緩やかであることから，保育の質をどのように確保していくのかという課題が残る。

■参考文献
・横山源之助『日本の下層社会』岩波書店，1985年
・ビヤネール多美子『＜ MINERVA 福祉ライブラリー 25 ＞スウェーデン・超高齢社会への試み―変わりゆく制度変わらない理念』ミネルヴァ書房，1998年
・正村公宏『＜現代経済学選書3＞福祉社会論』創文社，1989年
・吉田久一『日本社会事業の歴史 全訂版』勁草書房，1994年
・池田敬正『日本における社会福祉のあゆみ』法律文化社，1994年
・高島進『＜ MINERVA 社会福祉基本図書 11 ＞社会福祉の歴史―慈善事業・救貧法から現代まで』ミネルヴァ書房，1995年
・右田紀久恵・高澤武司・古川孝順編『＜有斐閣選書＞社会福祉の歴史―政策と運動の展開 新版』有斐閣，2001年
・「新版・社会福祉学習双書」編集委員会編『＜新版 社会福祉学習双書 2007 1 ＞社会福祉概論 改訂6版』全国社会福祉協議会，2007年

第3章

社会福祉の法としくみ

社会福祉の法

　我が国の社会福祉の中心をなすのは公的福祉，つまり法律に基づく福祉である。そこで，社会福祉の制度を理解するためには，社会福祉の法を知ることが必要である。ところが社会福祉に関連する法律は数多い。ここでは，我が国の社会福祉法制の基本を定める社会福祉法を中心に取り上げ，基本法（障害者基本法，高齢社会対策基本法，少子化社会対策基本法）にふれることとする。

　なお，社会福祉六法（児童福祉法，身体障害者福祉法，生活保護法，知的障害者福祉法，老人福祉法，母子及び父子並びに寡婦福祉法）および児童，障害者，高齢者の福祉にかかわる各種の法律は第4章各節ほかを，また，社会福祉従事者の専門資格にかかわる社会福祉士及び介護福祉士法等については第6章を参照されたい。

1 社会福祉法

　社会福祉法（1951（昭和26）年制定，2000（平成12）年社会福祉事業法より題名改正）は，「社会福祉を目的とする事業の全分野における共通的基本事項を定め，社会福祉を目的とする他の法律と相まって，福祉サービスの利用者の利益の保護及び地域における社会福祉の推進を図るとともに，社会福祉事業の公明かつ適正な実施の確保及び社会福祉を目的とする事業の健全な発達を図り，もって社会福祉の増進に資することを目的とする」（第1

条）ものである。

　主な内容として，「社会福祉事業の定義および規制」「福祉サービスの基本的理念」「地方社会福祉審議会」「福祉事務所および社会福祉主事」「社会福祉法人」「福祉サービスの適切な利用」「社会福祉の人材確保および福利厚生」「地域福祉の推進（包括的な支援体制の整備，地域福祉計画，社会福祉協議会，共同募金）」「社会福祉連携推進法人」などについて規定している。以下にその概要を述べるが，「地方社会福祉審議会」「福祉事務所および社会福祉主事」については次節（社会福祉主事については第6章第2節），「地域福祉の推進」「社会福祉協議会」「共同募金」については第5章を参照されたい。

⓵ 社会福祉事業の定義および規制

　社会福祉法第2条において，「「社会福祉事業」とは，第一種社会福祉事業及び第二種社会福祉事業をいう」と社会福祉事業の定義がなされ，第一種社会福祉事業と第二種社会福祉事業にあたるものがそれぞれ列挙されている。これは社会福祉事業の範囲を定め，さらに社会福祉事業を公的責任と監督の必要性から以下の第一種と第二種に分けている。

1 第一種社会福祉事業

　第一種社会福祉事業とは，特別養護老人ホームや児童養護施設など利用者の生活が施設内で営まれる入所型施設を経営する事業など，利用者の人権に深くかかわり，特に監督が必要な事業である。したがって，第一種社会福祉事業は，国，地方公共団体または社会福祉法人が経営することを原則としている。

2 第二種社会福祉事業

　第二種社会福祉事業とは，第一種以外のもので，老人デイサービス・保育所や児童厚生施設など通所型，利用型施設を経営する事業や，居宅介護等事業（ホームヘルプサービス）などである。これらの事業の経営主体は特に制限はない。ただし，それらの事業を定めている各法で特別の規制がある場合

には，それらの法の規制を受けることになる。

▌▌▌② 福祉サービスの基本的理念

　社会福祉法第3条に「福祉サービスは，個人の尊厳の保持を旨とし，その内容は，福祉サービスの利用者が心身ともに健やかに育成され，又はその有する能力に応じ自立した日常生活を営むことができるように支援するものとして，良質かつ適切なものでなければならない」として，福祉サービスの基本的理念が述べられている。

▌▌▌③ 社会福祉法人

　社会福祉法第22条に「「社会福祉法人」とは，社会福祉事業を行うことを目的として，この法律の定めるところにより設立された法人をいう」と，社会福祉法人が定義されている。社会福祉法人を設立しようとする者は，定められた手続きに従い所轄庁（主たる事務所の所在地の都道府県知事等）の認可を受けなければならない。

　国や地方公共団体は，社会福祉法人に対して有利な形で補助金の助成や貸付金の支出を行う一方で，財務状況や役員の行為などに対して強い監督権限をもっている。なお社会福祉法第61条で，国，地方公共団体，社会福祉法人その他社会福祉事業を経営する者それぞれの責任を明確にするために，事業経営の準則を定めている。その内容は，①公的責任転嫁の禁止，②公による民間への不当関与の禁止（民間の自主性の尊重），③民間社会福祉事業経営者の不当な公的援助の要求の禁止（民間の独自性の維持）である。ただし，①に関して，国，地方公共団体は社会福祉法人などの民間に対して，その業務を委託することができるとなっている。

　なお，2016（平成28）年の法改正で，社会福祉法人制度の改革が行われた。その趣旨は，社会福祉法人の公益性・非営利性を確保する観点から，経営組織の見直し，事業運営の透明性の向上および財務規律の強化などを行うものである。具体的には，議決機関としての評議員会の必置化，役員報酬基準の

作成と公表，役員等関係者への特別の利益供与の禁止，社会福祉充実計画の[1]
策定と実施が義務づけられた。

④ 福祉サービスの適切な利用

　介護保険制度や障害者の日常生活及び社会生活を総合的に支援するための
法律（障害者総合支援法）などに基づくサービスは利用者がサービスを選択
し，サービス提供事業者と対等な関係で契約することが求められている。そ
のことを可能とするため社会福祉法第75条〜第87条に「福祉サービスの
適切な利用」として以下のことが記されている。

(1)　福祉サービスに関する情報の提供等

　　①　社会福祉事業者によるサービスを利用希望する者が適切かつ円滑に
　　　利用できるような情報の提供

　　②　利用契約申し込み時の説明と利用契約成立時の書面の交付

　　③　社会福祉事業者は自らその提供するサービスの質の向上のための努
　　　力

　　④　社会福祉事業者が提供するサービスについての誇大広告の禁止

(2)　福祉サービス利用の援助等

　　①　サービス利用援助事業の実施にあたり，利用者の意向を尊重する等
　　　の配慮

　　②　都道府県社会福祉協議会が行う福祉サービス利用援助事業等

　　③　社会福祉事業の経営者によるサービス利用者からの苦情の解決

　　④　都道府県社会福祉協議会に運営適正化委員会（福祉サービス利用援
　　　助事業への助言，苦情解決のための助言・調査，都道府県知事への通
　　　知を行う）を設置

1　2017（平成29）年4月1日以降，社会福祉法人は毎会計年度，貸借対照表の資産の部に
　計上した額から負債の部に計上した額を控除して得た額が，事業継続に必要な財産額を上
　回るかどうかを計算しなければならないこととされた。上回る財産額（社会福祉充実残額）
　がある場合には，それを財源として社会福祉充実計画の策定と実施が義務づけられた。

第3章　社会福祉の法としくみ　第1節　社会福祉の法

049

⑤ 社会福祉の人材確保および福利厚生

1 基本指針

社会福祉法第89条において,「厚生労働大臣は,〔中略〕社会福祉事業等に従事する者の確保及び国民の社会福祉に関する活動への参加の促進を図るための措置に関する基本的な指針を定めなければならない」としている。これを受け,二つの基本指針が策定されている。その一つである「社会福祉事業等に従事する者の確保を図るための措置に関する基本的な指針」においては,労働環境の整備の推進等,キャリアアップのしくみの構築,福祉・介護サービスの周知・理解,潜在的有資格者等の参入の促進,多様な人材の参入・参画の促進などについて定められている。もう一つの「国民の社会福祉に関する活動への参加の促進を図るための措置に関する基本的な指針」では,ボランティア活動などに関する国民の参加の基盤整備を進めるための措置について定められている。

2 福祉人材センター

福祉人材センターとして「都道府県福祉人材センター」と「中央福祉人材センター」を規定している(社会福祉法第93条~第101条)。「都道府県福祉人材センター」は基本指針に基づき社会福祉事業の経営者が行う措置に関する相談援助,潜在マンパワーの発掘,就業の援助などを行うもので,都道府県知事により都道府県ごとに1個に限り指定されている。「中央福祉人材センター」は都道府県福祉人材センターの業務の啓発,連絡調整,情報提供などを行うもので,厚生労働大臣により全国で1個に限り指定されている。

なお,2016(平成28)年の社会福祉法の改正により,2017(平成29)年4月から,都道府県福祉人材センターの機能強化のため,離職した介護福祉士の届出制度や就業の支援,ハローワーク等との連携強化等が図られることとなった。

3 福利厚生センター

社会福祉事業の従事者の福利厚生に関する事業を実施する「福利厚生センター」を規定しており（社会福祉法第102条〜第106条），全国で1個に限り指定されている。

⑥ 社会福祉連携推進法人

2020（令和2）年の社会福祉法の改正で創設されたものである。目的は社会福祉事業に取り組む社会福祉法人や特定非営利活動法人（NPO法人）等を社員として，相互の業務連携を推進しようとするものである。業務内容は，①地域福祉推進に係る取り組みを社員が共同して行うための支援，②災害時，利用者の安全を社員が共同して確保するための支援，③経営方法に関する知識の共有を図るための支援，④資金の貸し付けその他社員が資金を調達するための支援，⑤福祉従事者の確保のための支援および従事者の研修，⑥社員が必要とする設備や物資の供給，となっている。

なお，この改正の施行は2022（令和4）年6月12日までの間で政令で定める日とされている。

2 基本法

基本法とは，国の制度・政策に関する理念や基本方針などを示したもので，講ずべき措置を定めている。また，憲法の理念を具体化する役割ももつ。内容は抽象的なものが多い。それぞれの行政分野での「親法」として，他法を指導する位置にある。

⦙⓵ 障害者基本法

　障害者基本法は，1970（昭和45）年に制定された。障害者福祉の実現には，障害者福祉施策のみならず保健医療，所得保障，教育，雇用，住宅など多岐にわたる対応が必要である。そのため「この法律は，全ての国民が，障害の有無にかかわらず，等しく基本的人権を享有するかけがえのない個人として尊重されるものであるとの理念にのっとり，全ての国民が，障害の有無によって分け隔てられることなく，相互に人格と個性を尊重し合いながら共生する社会を実現するため，障害者の自立及び社会参加の支援等のための施策に関し，基本原則を定め，及び国，地方公共団体等の責務を明らかにするとともに，障害者の自立及び社会参加の支援等のための施策の基本となる事項を定めること等により，障害者の自立及び社会参加の支援等のための施策を総合的かつ計画的に推進することを目的とする」（第1条）もので，地域社会における共生等，差別の禁止，障害者基本計画等，障害者の自立及び社会参加の支援等のための基本的施策（医療，介護，教育，雇用，所得保障，住宅など），障害の原因となる傷病の予防に関する基本的施策などについて定められている。

⦙⓶ 高齢社会対策基本法

　高齢社会対策基本法は，1995（平成7）年に制定された。高齢者福祉の実現においても，高齢者福祉施策のみならず保健医療，所得保障，雇用，住宅など多岐にわたる対応が必要である。そのため，「この法律は，〔中略〕高齢化の進展に適切に対処するための施策に関し，基本理念を定め，並びに国及び地方公共団体の責務等を明らかにするとともに，高齢社会対策の基本となる事項を定めること等により，高齢社会対策を総合的に推進し，もって経済社会の健全な発展及び国民生活の安定向上を図ることを目的とする」（第1条）もので，基本理念，基本的施策（就業および所得，健康および福祉，学習および社会参加，住宅等の生活環境など）などについて定められている。

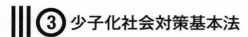

③ 少子化社会対策基本法

　少子化社会対策基本法は，2003（平成15）年に制定された。少子化対策においても，児童福祉施策のみならず親の雇用のあり方，母子保健，教育，経済的負担の軽減など多岐にわたる対応が必要である。そのため，「この法律は，〔中略〕少子化社会において講ぜられる施策の基本理念を明らかにするとともに，国及び地方公共団体の責務，少子化に対処するために講ずべき施策の基本となる事項その他の事項を定めることにより，少子化に対処するための施策を総合的に推進し，もって国民が豊かで安心して暮らすことのできる社会の実現に寄与することを目的とする」（第1条）もので，基本理念，基本的施策（雇用環境の整備，保育サービス等の充実，母子保健医療，教育，子どもの生活環境，子育ての経済的負担の軽減）などについて定められている。

■参考文献
・社会福祉法人大阪ボランティア協会編『福祉小六法2021』中央法規出版，2020年
・参議院法制局「法律の［窓］」（https://houseikyoku.sangiin.go.jp/column/index.htm）
・社会福祉の動向編集委員会編『社会福祉の動向2021』中央法規出版，2021年
・大久保秀子『新・社会福祉とは何か 第3版』中央法規出版，2018年

第2節 社会福祉の行政と民間組織

社会福祉の行政は，社会福祉関係法を根拠として，社会福祉制度を公的に運営している。本節においては，国および地方公共団体の行政組織と独立行政法人福祉医療機構などの民間組織を取り上げる。

1 国と地方公共団体の行政機関

① 国の行政機関

1 厚生労働省

社会福祉に関する国の行政機関の中心は厚生労働省である。厚生労働省の組織は，図3-1のとおりである。このうち，社会福祉を主に担当しているのが，こども家庭局，社会・援護局，障害保健福祉部，老健局である。

こども家庭局には，総務課，子育て支援課，家庭福祉課，保育課，母子保健課が置かれており，児童福祉法，児童手当法，児童扶養手当法，児童虐待の防止等に関する法律，配偶者からの暴力の防止及び被害者の保護等に関する法律，母子及び父子並びに寡婦福祉法，母子保健法などの各法を所管し施行している。

社会・援護局には，総務課，保護課，地域福祉課，福祉基盤課，援護企画課，援護・業務課，事業課が置かれており，社会福祉法，民生委員法，日本

図 3-1　厚生労働省の組織（2020（令和 2）年 8 月 7 日現在）

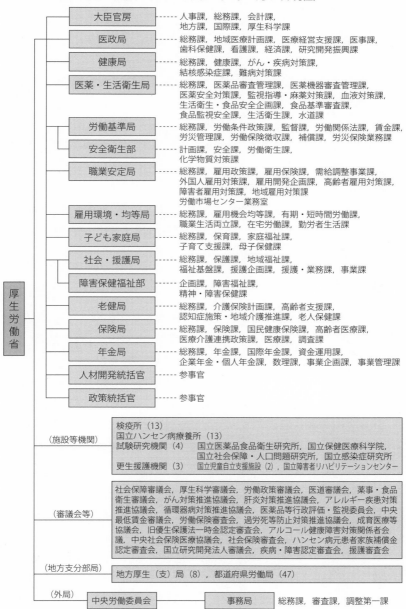

大臣官房	人事課，総務課，会計課，地方課，国際課，厚生科学課
医政局	総務課，地域医療計画課，医療経営支援課，医事課，歯科保健課，看護課，経済課，研究開発振興課
健康局	総務課，健康課，がん・疾病対策課，結核感染症課，難病対策課
医薬・生活衛生局	総務課，医薬品審査管理課，医薬機器審査管理課，医薬安全対策課，監視指導・麻薬対策課，血液対策課，生活衛生・食品安全企画課，食品基準審査課，食品監視安全課，生活衛生課，水道課
労働基準局	総務課，労働条件政策課，監督課，労働関係法課，賃金課，労災管理課，労働保険徴収課，補償課，労災保険業務課
安全衛生部	計画課，安全課，労働衛生課，化学物質対策課
職業安定局	総務課，雇用政策課，雇用保険課，需給調整事業課，外国人雇用対策課，雇用開発企画課，高齢者雇用対策課，障害者雇用対策課，地域雇用対策課，労働市場センター業務室
雇用環境・均等局	総務課，雇用機会均等課，有期・短時間労働課，職業生活両立課，在宅労働課，勤労者生活課
子ども家庭局	総務課，保育課，家庭福祉課，子育て支援課，母子保健課
社会・援護局	総務課，保護課，地域福祉課，福祉基盤課，援護企画課，援護・業務課，事業課
障害保健福祉部	企画課，障害福祉課，精神・障害保健課
老健局	総務課，介護保険計画課，高齢者支援課，認知症施策・地域介護推進課，老人保健課
保険局	総務課，保険課，国民健康保険課，高齢者医療課，医療介護連携政策課，医療課，調査課
年金局	総務課，年金課，国際年金課，資金運用課，企業年金・個人年金課，数理課，事業企画課，事業管理課
人材開発統括官	参事官
政策統括官	参事官

（施設等機関）
検疫所（13）
国立ハンセン病療養所（13）
試験研究機関（4）　国立医薬品食品衛生研究所，国立保健医療科学院，
　　　　　　　　　　国立社会保障・人口問題研究所，国立感染症研究所
更生援護機関（3）　国立児童自立支援施設（2），国立障害者リハビリテーションセンター

（審議会等）
社会保障審議会，厚生科学審議会，労働政策審議会，医道審議会，薬事・食品衛生審議会，がん対策推進協議会，肝炎対策推進協議会，アレルギー疾患対策推進協議会，循環器病対策推進協議会，医薬品等行政評価・監視委員会，中央最低賃金審議会，労働保険審査会，過労死等防止対策推進協議会，成育医療等協議会，旧優生保護法一時金認定審査会，アルコール健康障害対策関係者会議，中央社会保険医療協議会，社会保険審査会，ハンセン病元患者家族補償金認定審査会，国立研究開発法人審議会，疾病・障害認定審査会，援護審査会

（地方支分部局）
地方厚生（支）局（8），都道府県労働局（47）

（外局）
中央労働委員会 ── 事務局　総務課，審査課，調整第一課

出典：厚生労働省編『令和 3 年版 厚生労働白書（資料編）』p.288，2021年

赤十字社法，社会福祉士及び介護福祉士法，消費生活協同組合法，生活保護法，災害救助法，災害弔慰金の支給等に関する法律，戦傷病者特別援護法，戦傷病者戦没者遺族等援護法，独立行政法人福祉医療機構法，社会福祉施設職員等退職手当共済法などの各法を所管し施行している。

　障害保健福祉部には，企画課，障害福祉課，精神・障害保健課が置かれており，障害者基本法，身体障害者福祉法，知的障害者福祉法，精神保健及び精神障害者福祉に関する法律，特別児童扶養手当等の支給に関する法律，独立行政法人国立重度知的障害者総合施設のぞみの園法などの各法を所管し施行している。

　老健局には，総務課，介護保険計画課，高齢者支援課，認知症施策・地域介護推進課，老人保健課が置かれており，老人福祉法，介護保険法，高齢者虐待の防止，高齢者の養護者に対する支援等に関する法律，福祉用具の研究開発及び普及の促進に関する法律など各法を所管し施行している。

2 審議会など

　厚生労働省の付属機関として各種の審議会などが設置されている。審議会は行政の推進にあたり，専門家や有識者の意見やその内容を反映させることを目的としており，厚生労働大臣の諮問を受けて答申を行ったり，意見具申を行っている。社会保障審議会は社会福祉の分野を主に担当しており，社会保障全体を視野におさめながら総合的な議論を行うこととしている。

　また社会保障審議会には，分科会と部会が設けられている。分科会は社会福祉の各法に規定された事務を行うために，部会は特定のテーマを集中して議論するために設けられている。

②　地方公共団体の行政機関

　福祉行政の主要組織は，図3-2のように構成されており，実施体制は図3-3となっている。昭和末までは，国が「上級機関」として社会福祉行政の中心的役割を担い，地方公共団体は「下級機関」とみなす，いわゆる機関委任事務として社会福祉の実務を実施してきた。しかし現在では，社会福祉が

図 3-2　社会福祉行政の主要組織

```
┌─────────────────┐        ┌─────────────────┐
│  行    政       │        │  地域・福祉現場  │
└─────────────────┘        └─────────────────┘
```

本庁（企画調整）　　　　　福祉専門機関

国
（厚生労働省）
- 福祉事務所
  - 生活保護の実施等
  - 助産施設，母子生活支援施設への入所事務等
  - 母子家庭等の相談，調査，指導等
  - 老人福祉サービスに関する広域的調整　等

都道府県
- 児童相談所
  - 児童福祉施設入所事務
  - 児童相談，調査，判定，指導等
  - 一時保護
  - 里親／保護受託者委託
- 身体障害者更生相談所
  - 障害者支援施設への入所調整
  - 身体障害者への相談，判定，指導
- 知的障害者更生相談所
  - 障害者支援施設への入所調整
  - 知的障害者への相談，判定，指導
- 婦人相談所
  - 要保護女子の相談，判定，調査，指導等
  - 一時保護

市
町村
- 福祉事務所
  - 生活保護の実施等
  - 特別養護老人ホームへの入所事務等
  - 助産施設，母子生活支援施設，保育所への入所事務等
  - 母子家庭等の相談，調査，指導等
- 地域包括支援センター
  - 地域住民の保健・福祉・医療の向上，虐待防止，介護予防マネジメント等を総合的に実施

施設・事業所
- ○社会福祉施設
- ○介護保険施設
- ○居宅介護サービス事業所
- ○障害福祉サービス事業所
  - 居宅介護事業
  - 重度訪問介護事業
  - 放課後等デイサービス事業

福祉専門職
- ○社会福祉士
- ○精神保健福祉士
- ○介護福祉士
- ○保育士
- ○理学療法士
- ○作業療法士
- ○言語聴覚士

地域における相談
- ○民生委員・児童委員
- ○身体障害者相談員
- ○知的障害者相談員

注：児童相談所は政令指定都市・中核市・特別区にも設置されている。また，身体障害者更生相談所と知的障害者更生相談所は，政令指定都市において設置しているところもある。
出典：厚生労働統計協会編『国民の福祉と介護の動向2021/2022』p.69，2021年を一部改変

図 3-3　我が国の社会福祉の実施体制

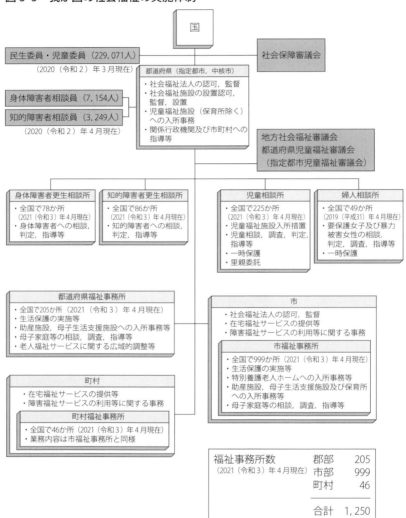

出典：厚生労働省編『令和 3 年版 厚生労働白書（資料編）』p.194，2021年

地方公共団体の事務とされて地方公共団体が主体的な実務担当として定着
し，今後さらに主体的な役割が期待されている。

1 福祉事務所

　福祉事務所は，社会福祉事業法（現在の社会福祉法）に基づいて，生活保
護法，児童福祉法，身体障害者福祉法の三法を担当する行政機関として，
1951（昭和26）年に創設された。その後，精神薄弱者福祉法（現在の知的
障害者福祉法），老人福祉法，母子福祉法（現在の母子及び父子並びに寡婦
福祉法）の制定に伴い，福祉事務所は福祉六法に定める援護，育成，更生な
どの措置に関する事務や社会福祉に関する事務を実施する社会福祉行政の第
一線の重要な機関となっている。

　福祉事務所は，社会福祉法第3章「福祉に関する事務所」により，設置，
組織，所員の定数，服務が規定されている。都道府県，指定都市，市，特別
区については，設置が義務づけられ，町村は任意となっている。

　福祉事務所の業務は，その設置主体によって異なる。また職員は，所長，
査察指導員（現業事務の指導監督を担当），現業員（福祉六法に定める措置
に関する現業事務を担当），身体障害者福祉司，知的障害者福祉司，老人福
祉指導主事，家庭児童福祉主事，（家庭相談員等の）相談員，事務職員など
が配置されている。これらの職員のうち，指導監督を行う職員と現業員は，
社会福祉主事の資格を必要としている（社会福祉法第15条）。

2 相談所

(1) 児童相談所

　児童相談所は，児童福祉法第12条において規定されている，児童福祉行
政の第一線の専門機関である。

　主な業務としては，児童に関するさまざまな問題について，①家庭や学校
や地域などからの相談に応じ，調査，判定，指導を実施すること，②施設入
所や里親委託などの措置を行うことがあげられる。都道府県と指定都市につ
いては義務設置となっている。

(2) 身体障害者更生相談所

身体障害者更生相談所は，身体障害者福祉法第11条において規定されている身体障害者福祉行政の第一線の専門機関である。

主な業務としては，①身体障害者に関する専門的な相談や指導，②身体障害者の医学的，心理学的，職能的評価や判定，③補装具の処方や適合判定などを行う。都道府県については義務設置（指定都市は任意設置）となっている。

(3) 知的障害者更生相談所

知的障害者更生相談所は，知的障害者福祉法第12条において規定されている知的障害者福祉行政の第一線の専門機関である。

主な業務としては，知的障害者に関する問題につき，家庭その他からの相談に応じ，知的障害者の医学的，心理学的および職能的判定および判定に伴う必要な指導などを行う。都道府県については義務設置（指定都市は任意設置）となっている。

(4) 婦人相談所

婦人相談所は，売春防止法第34条において規定されている専門機関である。

主な業務としては，要保護女子に関するさまざまな問題について，①保護更生のための相談，②要保護女子やその家庭について必要な調査や医学的，心理学的，職能的判定ならびにこれらに附随する必要な指導，③要保護女子の一時保護などを行う。都道府県については義務設置となっている。

3 審議会

地方公共団体において，都道府県，指定都市，中核市に地方社会福祉審議会，都道府県（指定都市，中核市）児童福祉審議会が設置されている。また市町村には，必要に応じて，市町村児童福祉審議会を設置することができることになっている。

2 民間組織

1 社会福祉法人・社会福祉協議会・共同募金会・民生委員

民間組織としては,「社会福祉法人」「社会福祉協議会」「共同募金会」「民生委員」があげられるが,これらについては第5章第2節（社会福祉法人は本章第1節）を参照されたい。

2 独立行政法人福祉医療機構

独立行政法人福祉医療機構は,特殊法人改革に伴い社会福祉・医療事業団の事業を受け継ぎ,2003（平成15）年10月に設立した機関であり,その資本金は政府からの全額出資である。

独立行政法人福祉医療機構は,社会福祉法人などに対して社会福祉事業施設や有料老人ホームなどの設置,整備,経営に必要な資金の融通を行うとともに,社会福祉施設職員等退職手当共済制度の運用,心身障害者扶養保険事業の運営実施,社会福祉事業の施設や病院などに対する経営指導,福祉保健医療に関する情報提供を行う事業を行っている。

3 相談員

身体障害者相談員および知的障害者相談員は,身体障害者福祉法および知的障害者福祉法の改正（2012（平成24）年4月施行）により,市町村の委託を受けて,住民に身近な立場から地域において業務（福祉の増進を図るため,相談に応じ,更生のために必要な援助）を行い,社会福祉行政の一部を担っている。

■参考文献
・ミネルヴァ書房編集部編『社会福祉小六法 2021 令和3年版』ミネルヴァ書房,2021年
・厚生労働省編『令和3年版 厚生労働白書』2021年
・厚生労働統計協会編『国民の福祉と介護の動向 2021/2022』2021年
・社会福祉の動向編集委員会編『社会福祉の動向 2021』中央法規出版,2021年

第3節 社会福祉の財政

　社会福祉の財政は，大きく分けて国や地方公共団体のように公的資金を財源とするものと，共同募金のような民間資金を財源とするものから成り立っている。本節においては，国および地方公共団体の財政，民間資金を取り上げる。

1 財政と予算

　国であろうと地方公共団体であろうと，仕事をするにはお金（財源という）がいる。このお金を調達し仕事に割り当てて運営していくことを財政という。この財政活動の財源は，国民の税金と社会保険料が柱となる，いわゆる国民負担でまかなわれている。したがって国民が納税者として，自らの意思を財政に反映していくことが保障されなければならない。

　国民の意思を財政活動に反映させコントロールしていく手段が予算制度である。予算とは財源をどのように調達し，どのように支出し，それを誰が管理するかといった財政活動の内容を明らかにするために，国や地方公共団体の1年間の収入と支出を示したものである。なお，この予算は国会や議会を経て効力をもつこととなる。

2 国の財政

　国の予算は一般会計と特別会計に分かれている。社会保障，教育，公共事業のような国の骨格的な施策を推進する経費は一般会計に計上されている。特別会計は国立大学や国立病院のような特定の事業や特定の資金を運用する場合に設けられているものである。

　我が国の一般会計予算の規模は財政事情の厳しさを反映して，ここ数年厳しく抑制されている。2020（令和2）年度は，新型コロナウイルス関連対策等による3次にわたる補正予算で，当初予算の102兆7000億円から175兆7000億円に拡大した。

　2021（令和3）年度の一般会計予算（案）は，総額106兆6000億円であり，その中に占める社会保障関係費は35兆8000億円（予算全体の33.6%）である。また，社会保障関係費の年次推移は，表3-1のとおりである。

　一般会計の歳入は，①租税および印紙収入，②官業益金および官業収入，③政府資産整理収入，④雑収入（日銀納付金，日本競馬中央会納付金など），⑤公債金，⑥前年度剰余金受入の6項目からなっている。歳入の約半分は，所得税や法人税などの租税および印紙収入で占められており，2020（令和2）年度（当初予算）では63兆5130億円であり，残りのうち32兆5562億円（歳入全体の31.7%）は公債金となっている。そのため，公債依存度が非常に高い。

表 3-1　社会保障関係費の推移

(単位：億円・%)

区分	80 (昭和55)	85 (60)	90 (平成2)	95 (7)	2000 (12)	05 (17)
社会保障関係費	82,124 (100.0)	95,740 (100.0)	116,154 (100.0)	139,244 (100.0)	167,666 (100.0)	203,808 (100.0)
生活保護費	9,559 (11.6)	10,816 (11.3)	11,087 (9.5)	10,532 (7.6)	12,306 (7.3)	19,230 (9.4)
社会福祉費	13,698 (16.7)	20,042 (20.9)	24,056 (20.7)	34,728 (24.9)	36,580 (21.8)	16,443 (8.1)
社会保険費	51,095 (62.2)	56,587 (59.1)	71,953 (61.9)	84,700 (60.8)	109,551 (65.3)	158,638 (77.8)
保健衛生対策費	3,981 (4.8)	4,621 (4.8)	5,587 (4.8)	6,348 (4.6)	5,434 (3.2)	4,832 (2.4)
失業対策費	3,791 (4.6)	3,674 (3.8)	3,471 (3.0)	2,936 (2.1)	3,795 (2.3)	4,664 (2.3)
厚生労働省予算	86,416 (7.5)	99,920 (2.6)	120,521 (6.4)	144,766 (2.9)	174,251 (3.9)	208,178 (3.1)
一般歳出	307,332 (10.3)	325,854 (△0.0)	353,731 (3.8)	421,417 (3.8)	480,914 (2.6)	472,829 (△0.7)

区分	10 (22)	15 (27)
社会保障関係費	272,686 (100.0)	315,297 (100.0)
年金医療介護保険給付費	203,363 (74.6)	231,107 (73.3)
生活保護費	22,388 (8.2)	29,042 (9.2)
社会福祉費	39,305 (14.4)	48,591 (15.4)
保健衛生対策費	4,262 (1.6)	4,876 (1.5)
雇用労災対策費	3,367 (1.2)	1,681 (0.5)
厚生労働省予算	275,561 (9.5)	299,146 (△3.0)
一般歳出	534,542 (3.3)	573,555 (1.6)

区分	17 (29)	18 (30)	19 (令和元)	20 (2)	21 (3)
社会保障関係費	324,735 (100.0)	329,732 (100.0)	340,593 (100.0)	358,608 (100.0)	358,421 (100.0)
年金給付費	114,831 (35.4)	116,853 (35.4)	120,488 (35.4)	125,232 (34.9)	127,005 (35.4)
医療給付費	115,010 (35.4)	116,079 (35.2)	118,543 (34.8)	121,546 (33.9)	119,821 (33.4)
介護給付費	30,130 (9.3)	30,953 (9.4)	32,101 (9.4)	33,838 (9.4)	34,662 (9.7)
少子化対策費	21,149 (6.5)	21,437 (6.5)	23,440 (6.9)	30,387 (8.5)	30,458 (8.5)
生活扶助等社会福祉費	40,205 (12.4)	40,524 (12.3)	41,805 (12.3)	42,027 (11.7)	40,716 (11.4)
保健衛生対策費	3,042 (0.9)	3,514 (1.1)	3,827 (1.1)	5,184 (1.4)	4,768 (1.3)
雇用労災対策費	368 (0.1)	373 (0.1)	388 (0.1)	395 (0.1)	991 (0.3)
厚生労働省予算	306,873 (1.2)	311,262 (1.4)	320,358 (2.9)	330,366 (3.1)	331,380 (0.3)
一般歳出	583,591 (0.9)	588,958 (0.9)	619,639 (5.2)	634,972 (2.5)	669,020 (5.4)

資料：厚生労働省大臣官房会計課調べ

(注) 1. 四捨五入のため内訳の合計が予算総額に合わない場合がある。
2. （ ）内は構成比。ただし、厚生労働省予算及び一般歳出欄は対前年伸び率。△は減。
3. 平成13年度以前の厚生労働省予算は、厚生省予算と労働省予算の合計である。
4. 平成27年4月より保育所運営費等（1兆6,977億円）が内閣府へ移管されたため、平成27年度における厚生労働省予算の伸率は、その移管分の予算額との対比による。

出典：厚生労働省編『令和3年版 厚生労働白書（資料編）』p.18、2021年

3 地方公共団体の財政

　地方公共団体の仕事は，法律とそれに基づく政令によって定められている。また，地方公共団体の財政の予算制度は地方自治法で統一的に定められており，地方公共団体の財政も一般会計と特別会計に分けられ，基本的には国の財政と同じしくみとなっている。

　地方財政は目的別に，総務費，民生費，衛生費，労働費，農林水産業費，商工費，土木費，消防費，警察費，教育費，公債費，その他に区分されている。そのうち，大きな割合を占めるのは，民生費である。土木費および教育費は近年横ばいであるのに対して，生活保護費の増加などがある社会福祉行政に要する経費である民生費の年次決算額の推移は近年増加しており，地方公共団体の役割実施が高まっている。歳出決算額の目的別構成比の推移は，図3-4のとおりである。

図3-4　歳出決算額の目的別構成比の推移

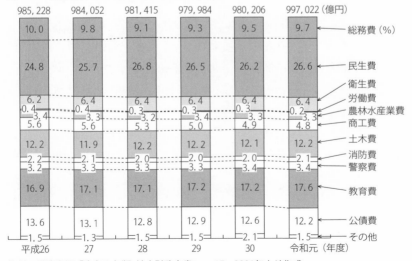

資料：総務省編『令和3年版 地方財政白書』，p.17，2021年より作成

これらの経費を賄う歳入には，①一般財源（地方税，地方譲与税，地方特例交付金等，地方交付税），②国庫支出金，③地方債，④その他がある。

　地方税には，道府県税として事業税，道府県民税，自動車税，軽油引取税，地方消費税，不動産取得税，自動車取得税，道府県たばこ税などがある。また市町村税として，市町村民税，固定資産税，市町村たばこ税，都市計画税，事業所税などがある。

　地方公共団体の財源である地方税は年々減少しており，2019（令和元）年度の一般財源は60％程度となっていることなどから，近年，地方財政の自立度を目的とした財政改革の取り組みがなされている。この改革は2004（平成16）年から「三位一体改革」として，①国の補助金制度の廃止，②地方への財源移譲，③地方交付税制度の見直しが図られてきた。

4 国・地方公共団体の負担割合

　我が国における社会福祉サービスの費用は，地方自治法，地方財政法，社会福祉法，各社会福祉関係法（生活保護法，児童福祉法，母子及び父子並びに寡婦福祉法，老人福祉法，身体障害者福祉法，知的障害者福祉法など）および地方交付税，租税関係法の規定に基づいて具体化されている。さらに，これらを受けた政令・省令等によって財政運用が図られている。

　財源は，①公費（国と地方公共団体との分担），②利用者負担，③補助金など，④貸付金（民間社会福祉事業に対する長期貸付），⑤地方債，⑥寄付金などがある。国が直接運営する国立の社会福祉施設は，全額国庫負担となっている。一方，大部分の社会福祉サービスは，国と地方公共団体の分担方式となっている。

5 その他の民間財源

1 共同募金

共同募金についての組織は，第5章第2節に述べられているとおりである。近年の募金実績額は減少傾向にある。

共同募金会は，国民の社会福祉に対する理解と関心を培いながら，民間社会福祉事業の推進に果たす役割は大きい。

2 お年玉つき郵便年賀はがき寄付金

「お年玉付郵便葉書等に関する法律」によって，寄付金つき郵便はがきや郵便切手を発行することによって寄付が集められ，配分される。

3 独立行政法人福祉医療機構貸付資金

独立行政法人福祉医療機構は，前節で述べられているとおりである。

4 公営競技益金による補助

1962（昭和37）年の公営競技関係法の改正により，日本自転車振興会（現在の公益財団法人JKA）や日本船舶振興会（現在の日本財団）などの公益競技の益金の一部による民間社会福祉事業への補助が法制化された。その補助の対象は主として，民間社会福祉施設の整備事業である。

■参考文献
・ミネルヴァ書房編集部編『社会福祉小六法2021 令和3年版』ミネルヴァ書房，2021年
・厚生労働省編『令和3年版 厚生労働白書』2021年
・厚生労働統計協会編『国民の福祉と介護の動向2021/2022』2021年
・社会福祉の動向編集委員会編『社会福祉の動向2021』中央法規出版，2021年

第**4**章

社会福祉サービスの概観

児童福祉

1 概観

① 権利としての児童福祉

1 近年の進展

　児童福祉法は，児童福祉に関する基本的な法律として 1947（昭和 22）年に公布されている。本法は，要保護児童だけでなくすべての児童を対象とするものであり，近年では，2019（令和元）年 6 月に改正が公布され，2020（令和 2）年 4 月から段階的に施行されている。

2 対象，目的と基本的理念

　児童福祉法では，対象を 18 歳未満の児童とし，その目的は，「児童の福祉を保障するための原理」を基本として，「全て児童は，児童の権利に関する条約の精神にのっとり，適切に養育されること，その生活を保障されること，愛され，保護されること，その心身の健やかな成長及び発達並びにその自立が図られることその他の福祉を等しく保障される権利を有する」（第 1 条），この第 1 条を基本的理念としている。

　子どもの基本的人権を国際的に保障するために 1989 年の第 44 回国連総会において「児童の権利に関する条約」（子どもの権利条約）が採択された。

この条約は1990年に発効し，我が国は1994（平成６）年４月に批准した。前文と本文54条から成り立っている。

②子育て支援社会の建設に向けての取り組み

1 少子化対策と「子ども・子育て関連３法」の推進

1990（平成２）年に，合計特殊出生率が1.57となり，国では少子化対策としてこれまでさまざまな取り組みを行ってきた。

2015（平成27）年に「子ども・子育て支援新制度」として，三つの法律が成立した。その内容は，①子ども・子育て支援法，②就学前の子どもに関する教育，保育等の総合的な提供の推進に関する法律の一部を改正する法律，③子ども・子育て支援法及び就学前の子どもに関する教育，保育等の総合的な提供の推進に関する法律の一部を改正する法律の施行に伴う関係法律の整備等に関する法律（以下,「子ども･子育て関連３法」という）である。

子ども・子育て関連３法（支援新制度）のポイントは，次の３点である。①「幼保連携型認定こども園」において，学校と児童福祉施設としての法的位置づけをもたせる。②「子ども・子育て支援給付」を新設し，「子どものための現金給付（児童手当）」と「子どものための教育･保育給付」とした。「教育・保育給付」には「施設型給付」（対象施設：幼稚園，保育所，認定こども園）と「地域型保育給付」（対象事業：小規模保育等）の二つがある。③保育に対する市町村の責任の明確化（市町村子ども・子育て支援事業計画の策定等）である。

2「新子育て安心プラン」

待機児童の解消を目指し，女性の就業率の上昇を踏まえた保育の受け皿整備，幼稚園やベビーシッターを含めた地域の子育て資源の活用を進めるため，厚生労働省は「新子育て安心プラン」を2020（令和２）年に公表し，2021（令和３）年度から2024（令和６）年度末までの４年間で約14万人分の保育の受け皿を整備する。

保育コンシェルジュによる相談支援の拡充など，地域の特性に応じた支援を実施し，保育補助者や短時間勤務の保育士の活躍促進など，保育士の確保を推進する。また，幼稚園の空きスペースやベビーシッターなど，地域のあらゆる子育て資源を活用していくものである。

3 医療的ケア児支援法

2021（令和3）年に「医療的ケア児及びその家族に対する支援に関する法律」（医療的ケア児支援法）が成立し，同年9月に施行された。この法律により，国や地方公共団体は医療的ケア児およびその家族に対する支援に係る施策を実施する責務を負うことになった。

「医療的ケア児」とは，日常生活および社会生活を営むために恒常的に医療的ケア（人工呼吸器による呼吸管理，喀痰吸引その他の医療行為）を受けることが不可欠である児童（18歳以上の高校生等を含む）である。

③ 児童虐待防止対策

児童虐待の防止等に関する法律（児童虐待防止法）は2000（平成12）年5月に公布され，同年11月に施行された。児童虐待とは，同法において，保護者（親権を行う者，未成年後見人その他の者で，児童を現に監護するものをいう）がその監護する児童（18歳に満たない者をいう）について行う以下①〜④の行為とされている。①児童の身体に外傷が生じ，または生じるおそれのある暴行を加えること（身体的虐待），②児童にわいせつな行為をすることまたは児童をしてわいせつな行為をさせること（性的虐待），③児童の心身の正常な発達を妨げるような著しい減食または長時間の放置，保護者以外の同居人による①②または④の行為と同様の行為の放置その他の保護者としての監護を著しく怠ること（ネグレクト），④児童に対する著しい暴言または著しく拒絶的な対応，児童が同居する家庭における配偶者に対する暴力（配偶者等の身体に対する不法な攻撃であって生命または身体に危害を及ぼすものおよびこれに準ずる心身に有害な影響を及ぼす言動をいう）その他の児童に著しい心理的外傷を与える言動を行うこと（心理的虐待），の4

項目をあげている。

「改正児童福祉法」が，2020（令和2）年4月から一部を除き施行され，児童虐待防止対策の強化として，児童の権利擁護，児童相談所の体制強化および関係機関間の連携強化等の所要の措置を講じている。

2 サービス・支援内容

児童福祉に関係するサービス内容については，①すべての児童に共通する「児童健全育成施策」，②保育を必要とする児童への「保育施策」，③保護を必要とする児童への「児童自立支援施策」，④障害のある児童への「障害児支援施策」の四つに区分できる。

① 児童健全育成施策

1 地域組織活動

子供会，母親クラブ，親の会，青少年健全育成会などがある。また，施設としては，専門職員が配置されている児童厚生施設が設置されている。

2 放課後児童健全育成事業

保護者の就労等による放課後の留守家庭児童を対象に，各小学校区の児童館等の専用教室において，保護者の代わりに遊びや指導を行うものである。

3 児童手当

児童を扶養している者に児童手当を支給し，家庭等における生活の安定に寄与するとともに，次代を担う児童の健やかな成長に資することを目的とするものである。支給対象となる児童は0歳から中学校修了までとなっている。支給月額は2021（令和3）年4月現在，3歳未満：1万5000円，3歳

以上小学校修了前：第1子・第2子1万円，第3子以降1万5000円，中学生：1万円，となっている。ただし，所得制限がある。

||| ② 保育施策

「子ども・子育て支援新制度」では保育所等の利用のしくみが次のように変わっている。

従来は市町村が「保育に欠ける児童」を自ら市町村立保育所で保育サービスを提供するか，私立保育所に保育サービスの提供を委託するというものであった。

新制度では，サービス（保育・教育）の利用者（保護者）が，市町村に申請し，「保育等の必要性」に応じた支給認定（3区分）を受けて，認定区分に応じたサービスを保育所等と契約して受けるというしくみとなった。その際，利用者にはサービスにかかる費用が給付される。実際には保育所等が利用者に代わって給付費を受け取ること（代理受領）となる。

なお，新制度では，認定こども園・幼稚園・保育所のサービスを「施設型給付」と呼び，小規模等の保育サービスを「地域型保育給付」という。

１ 施設型給付

(1) 保育所

保育所等の施設数は，厚生労働省2021（令和3）年「保育所等関連状況とりまとめ」によると，保育所等数は3万8666か所で，2020（令和2）年と比べて1014か所（2.7％）の増となっている。保育所等の利用定員数は301万6918人で，2020（令和2）年と比べて4万9590人（1.7％）の増である。保育所等を利用する児童の数は274万2071人で，2020（令和2）年と比べて4712人（0.2％）の増である。定員充足率（利用児童数÷定員）は90.9％で，2020（令和2）年と比べて1.3ポイントの減となっている。

(2) 認定こども園

認定こども園制度は，幼児期の学校教育と保育を一体的に提供するしくみとして2006（平成18）年からスタートした。そのタイプは2019（平成

31）年4月現在，「幼保連携型」（5137件），「幼稚園型」（1104件），「保育所型」（897件），「地方裁量型」（70件）となっている。

2 地域型保育給付

地域型保育給付の対象となるのは「地域型保育事業」で，これは以下の四つの事業からなる。主に3歳未満の乳幼児を対象としている（必要に応じて3歳以上の幼児も対象となる）。

(1) 家庭的保育事業

家庭的な雰囲気のもとで，少人数での保育を実施する事業である。利用定員は3人（家庭的補助者がいる場合は5人まで）である。

(2) 小規模保育事業

利用定員は6～19人以下とされており，比較的小規模で，家庭的な環境のもとで保育を実施する事業である。

(3) 事業所内保育事業

事業所の保育施設などにおいて，従業員の子どものほか，地域で保育を必要としている子どもを受け入れて保育を実施する事業である。

(4) 居宅訪問型保育事業

保育者が乳児・幼児の居宅を訪問して行う保育事業である。

3 企業主導型保育所

企業主導型保育事業は，2016（平成28）年度に内閣府が開始した企業向けの助成制度である。無認可保育所ではあるが，企業が従業員の働き方に応じた柔軟な保育サービスを提供するために設置する保育施設や，地域の企業が共同で設置する保育施設に対し，施設の整備費および運営費の助成を行っている。

運営は，公益財団法人児童育成協会が行っており，児童育成協会が発表している資料によると，2020（令和2）年3月31日現在，企業主導型保育事業助成決定企業数は3768施設で定員8万6695人分である。

4 地域子育て支援拠点事業

子育て中の親子が気軽に集い，相互交流や子育ての不安・悩みを相談できる場の提供，公共施設や保育所，児童館等の地域の身近な場所で，乳幼児のいる子育て中の親子の交流や育児相談，情報提供等を実施している。NPOなど多様な主体の参画による地域の支え合い，子育て中の当事者による支え合いにより，地域の子育て力の向上に努めるものである。

③ 児童自立支援施策

1 施設サービス

児童福祉施設一覧表を参照されたい（表4-1）。なお，児童の自立支援については，児童の退所後も相談その他のアフターケアの実施は必要であることが法定化され，自立支援を長期的に取り組む体制となっている。このことは，児童養護施設および児童自立支援施設においては強く求められている。

2 児童自立生活援助事業

施設退所後のサービスとしては児童自立生活援助事業がある。義務教育終了後，児童養護施設，児童自立支援施設等を退所し就職する児童に対し，共同生活を営むべき住居（自立援助ホーム）において，相談その他の日常生活上の援助および生活指導ならびに就業の支援を行い，あわせて援助の実施を解除された者への相談その他の援助を行っている。

3 里親制度

何らかの事情により家庭での養育が困難または受けられなくなった子ども（要保護児童）などに，温かい愛情と正しい理解をもった家庭環境のもとでの養育を提供する制度である。家庭での生活を通じて，子どもが成長するうえできわめて重要な特定の大人との愛着関係のなかで養育を行うことにより，子どもの健全な育成を図るために有意義である。里親の種類としては，

表 4-1　児童福祉施設の目的・利用者等の一覧

児童福祉施設	種別	入(通)所・利用別	施設の目的と利用者
助産施設 （児童福祉法第36条）	第2種	入所	保健上必要があるにもかかわらず，経済的理由により，入院助産を受けることができない妊産婦を入所させて，助産を受けさせる
乳児院 （第37条）	第1種	入所	乳児を入院させてこれを養育し，あわせて退院した者について相談その他の援助を行う。児童福祉法において乳児とは1歳未満の者を指すが，乳児院では，必要がある場合，小学校入学前の児童を養育できる
母子生活支援施設 （第38条）	第1種	入所	配偶者のない女子またはこれに準ずる事情にある女子およびその者の監護すべき児童を入所させて，これらの者を保護するとともに，これらの者の自立の促進のためにその生活を支援し，あわせて退所した者について相談その他の援助を行う。かつては母子寮と呼ばれていたが，1997（平成9）年に現在の名称に改められた
保育所 （第39条）	第2種	通所	保育を必要とする乳児または幼児を日々保護者のもとから通わせて保育する
幼保連携型認定こども園 （第39条の2）	第2種	通所	義務教育およびその後の教育の基礎を培うものとしての満3歳以上の幼児に対する教育および保育を必要とする乳児・幼児に対する保育を一体的に行い，これらの乳児または幼児の健やかな成長が図られるよう適当な環境を与えて，その心身の発達を助長する
児童厚生施設 （第40条）	第2種	利用	児童遊園，児童館等児童に健全な遊びを与えて，その健康を増進し，または情操をゆたかにする
児童養護施設 （第41条）	第1種	入所	保護者のない児童，虐待されている児童，その他養護を要する児童を入所させて，これを養護し，あわせて退所した者に対する相談その他の自立のための援助を行う
障害児入所施設 （第42条）	第1種	入所	下記に掲げる区分に応じ，障害児を入所させて支援を行う (1)福祉型障害児入所施設：保護，日常生活の指導および独立自活に必要な知識技能の付与 (2)医療型障害児入所施設：保護，日常生活の指導，独立自活に必要な知識技能の付与および治療

児童発達支援センター （第43条）	第2種	通所	下記に掲げる区分に応じ，障害児を日々保護者のもとから通わせて支援を提供する ⑴福祉型児童発達支援センター：日常生活における基本的動作の指導，独立自活に必要な知識技能の付与または集団生活への適応のための訓練 ⑵医療型児童発達支援センター：日常生活における基本的動作の指導，独立自活に必要な知識技能の付与または集団生活への適応のための訓練および治療
児童心理治療施設 （第43条の2）	第1種	入所 通所	心理的・精神的問題を抱え日常生活の多岐にわたり支障をきたしている子どもたちに，医療的な観点から生活支援を基盤とした心理治療を行っている。施設内の分級など学校教育との緊密な連携を図りながら，総合的な治療・支援を行い，またあわせて，その子どもの家族への支援を行う。比較的短期間（現在の平均在園期間2年4か月）で治療し，家庭復帰や，里親・児童養護施設での養育につなぐ役割をもつ。また，通所部門をもち，在宅通所での心理治療等の機能をもつ施設もある
児童自立支援施設 （第44条）	第1種	入所 通所	不良行為をし，またはするおそれのある児童などを入所させ，または保護者のもとから通わせて，必要な指導を行い，その自立を支援する。通所，家庭環境の調整，地域支援，アフターケアなどの機能充実を図りつつ，非行ケースへの対応はもとより，他の施設では対応が難しくなったケースの受け皿としての役割を果たしている
児童家庭支援センター （第44条の2）	第2種	利用	地域の児童の福祉に関する各般の問題につき，児童に関する家庭その他からの相談のうち，専門的な知識および技術を必要とするものに応じ，必要な助言を行うとともに，市町村の求めに応じ，技術的助言その他必要な援助を行うほか，あわせて児童相談所，児童福祉施設等との連絡調整等を総合的に行う

注：「第1種」「第2種」は社会福祉事業の種別を指す。
出典：厚生労働統計協会編『国民の福祉と介護の動向2021/2022』p.322，2021年を一部改変および加筆して作成

養育里親，専門里親，養子縁組里親，親族里親の四つの類型がある。

④ 障害児支援施策

　障害児とは，身体障害，知的障害，精神障害，発達障害のある，または難病であり，18歳未満で，何らかの原因によって長期にわたり日常生活または社会生活に相当な制限を受けざるを得ない児童のことを指している。

1 居宅サービス

　居宅で生活している障害児については，自宅で入浴，排泄，食事の介護等を行う「居宅介護（ホームヘルプサービス）」，自宅で介護する者が病気などの場合に，短期間，夜間も含め施設で，入浴，排泄，食事の介護等を行う「短期入所（ショートステイ）」，「同行援護」「行動援護」「重度障害者等包括支援」（p.91 参照）などに自立支援給付が行われている。

2 特別児童扶養手当等

(1) 特別児童扶養手当

　特別児童扶養手当とは，精神または身体に障害を有する児童について手当を支給することにより，これらの児童の福祉の増進を図ることを目的としている。支給要件は20歳未満で精神または身体に障害を有する児童で，監護，養育している父母等に支給される。2021（令和3）年4月現在の支給月額は，1級：5万2500円，2級：3万4970円となっている。ただし，所得制限がある。

(2) 障害児福祉手当

　支給要件は，精神または身体に重度の障害を有するため，日常生活において常時の介護を必要とする状態にある在宅の20歳未満の者である。2021（令和3）年4月現在の支給月額は，1万4880円となっている。ただし，所得制限がある。

3 施設サービス

(1) 障害児通所支援

　支援については，「児童発達支援」「医療型児童発達支援」，学齢期における支援の充実を図るための「放課後等デイサービス」，保育所等を訪問し専門的な支援を行うための「保育所等訪問支援」がある。また，2018（平成30）年4月より，「居宅訪問型児童発達支援」が位置づけられた（表4-2）。

(2) 障害児入所支援

　障害児入所施設に入所し，または指定医療機関に入院する障害児に対して行われる保護，日常生活の指導および独立自活に必要な知識技能の付与，または指定医療機関に入院する障害児のうち知的障害のある児童，肢体不自由のある児童または重度の知的障害および重度の肢体不自由が重複している児童（重症心身障害児）に対し行われる治療である（表4-1）。

表4-2　障害児通所支援

種類	行われる支援
児童発達支援	障害児につき，児童発達支援センター等の施設に通わせ，日常生活における基本的な動作の指導，知識技能の付与，集団生活への適応訓練その他の便宜を供与する
医療型児童発達支援	上肢，下肢または体幹の機能の障害（肢体不自由）のある児童につき，医療型児童発達支援センター等に通わせ，児童発達支援および治療を行う
放課後等デイサービス	就学している障害児につき，授業の終了後または休業日に児童発達支援センター等の施設に通わせ，生活能力の向上のために必要な訓練，社会との交流の促進その他の便宜を供与する
保育所等訪問支援	保育所その他の児童が集団生活を営む施設等に通う障害児または乳児院・児童養護施設に入所する障害児につき，その施設を訪問し，その施設における障害児以外の児童との集団生活への適応のための専門的な支援その他の便宜を供与する
居宅訪問型児童発達支援	重度の障害等により，外出が著しく困難な障害児につき，児童の居宅を訪問し，日常生活における基本的な動作の指導，知識技能の付与，生活能力の向上のために必要な訓練その他の便宜を供与する

4 自立支援医療

障害児の健全な育成を図り生活能力を得るために必要な医療を行うことにより，障害の治癒もしくは軽減を図ることができる場合，その治療にかかった費用の一部を公費負担する医療給付制度である。利用者負担は，家計の負担能力に応じた負担（応能負担）となっているが，入院時の食費・光熱水費は自己負担となっている。

3 実施機関

1 市町村

市町村は，児童および妊産婦の福祉に関し，「必要な実情の把握」「必要な情報の提供」「家庭その他からの相談，必要な調査および指導など」を行っている。また，児童福祉法改正により，児童および妊産婦の福祉に関し，必要な支援を行うための拠点の整備に努めることとされた（2017（平成29）年4月1日施行）。

2 福祉事務所

市（福祉事務所設置）ならびに福祉事務所を設置している町村にあっては，市町村の業務を福祉事務所が行っている。都道府県福祉事務所は，児童および妊産婦の福祉に関し，各市町村の区域を越えた広域的見地から，実情の把握に努めることとされている。また，福祉事務所は助産施設，母子生活支援施設への入所手続きを行っている。

協力機関である民生委員は児童委員を兼務している。また，児童委員の中から主任児童委員が指名されることとなっている。主任児童委員は児童委員の活動に援助および協力を行うとされている。

3 児童相談所

　児童福祉全般にわたって専門的な役割を果たしているのが児童相談所である。広範囲に及ぶ相談を受け，調査や判定，指導，一時保護などの援助を行っている。相談・措置部門，判定・指導部門，一時保護部門，総務部門の四つに分かれている所が多く，ほとんどは保護者が訪れ，子どもの健康や発達の遅れ，不登校などの育成相談が多くなっている。これらの相談を担当するのは，児童福祉司である。判定部門では医学的，心理学的立場から，児童心理司と呼ばれる専門職員が精神科医などと協力して心理療法などを行っている。また一時保護部門では，虐待や非行の危険などがある児童を必要に応じて緊急的に保護している。

4 保健所

　保健所は，地域住民の健康や衛生を支える公的機関の一つであり，①児童の保健について，正しい衛生知識の普及を図ること，②児童の健康相談に応じ，または健康診査を行い，必要に応じ，保健指導を行うこと，③身体に障害のある児童および疾病により長期にわたり療養を必要とする児童の療育について，指導を行うこと，④児童福祉施設に対し，栄養の改善その他衛生に関し，必要な助言を与えること，の業務を行うものとされており，主に②の妊婦，乳児に対する健診や指導を行っている。

■参考文献
・日本ユニセフ協会 HP
・柏女霊峰ほか『＜保育士養成講座2＞児童福祉』全国社会福祉協議会出版部，2008年
・松本園子ほか『児童福祉を学ぶ―子どもと家庭に対する支援』ななみ書房，2009年
・吉田眞理『児童家庭福祉』萌文書林，2010年
・厚生労働統計協会編『国民の福祉と介護の動向 2021/2022』2021年
・山田勝美・艮香織編著『＜シードブック＞新版 子ども家庭福祉―2019年度新保育士養成課程対応』建帛社，2019年

第2節 障害者福祉

1 概観

① 「障害」とは何か

　障害のある人々は，社会生活上のさまざまな「困難」を抱えている。障害のない人々が，その「困難」のあり方を理解しようとする姿勢は，意味あることといえよう。

　さて，「障害」とはどのようなものか，また一般に「障害者」と呼ばれる人とは，どのような人々のことを指すのかと問われると，すぐに答えることは難しい。「障害」という言葉の中に，多種多様な意味あいが内在しているからである。

　障害があることによって伴うさまざまな「困難」を，「障害」という用語に含まれるいくつかの要素に分けて理解しようとする試みがある。障害の「構造的理解」といわれる方法である。その代表的なものが，WHO（世界保健機関）の示した「ICIDH[1]」や「ICF[2]」である。

　「国際生活機能分類（ICF）」（2001年）は，「国際障害分類（ICIDH）」（1980年）の改定版であり，「人間の生活機能と障害の分類[3]」であるとされる。

1　International Classification of Impairments, Disabilities and Handicaps
2　International Classification of Functioning, Disability and Health
3　障害者福祉研究会編『ICF 国際生活機能分類－国際障害分類改定版』中央法規出版, p.19, 2002 年

図4-1 ICFの構成要素間の相互作用

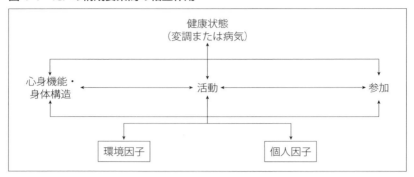

出典：障害者福祉研究会編『ICF 国際生活機能分類－国際障害分類改定版』中央法規出版，p.17, 2002年

ICFでは，「生活機能」を，「心身機能・身体構造」「活動」「参加」を含むものとし，それゆえ，「障害」は，「機能障害」「活動制限」「参加制約」を含むものと説明されている。また，個人の「生活機能」は，「健康状態」と「背景因子」（「環境因子」と「個人因子」）との間の相互作用とみなすものとされる（図4-1）。

　障害のある人の「困難」は，さまざまなレベルにおける困難が折り重なっており，それらの「困難」のあり方を瞬時に把握することは難しいものである。ICIDHやICFの考え方は，障害のある人の「困難」がどこから生じ，何を必要としているかを理解するうえで役立つ「分析の手段」であり，それらによって得られた視点を，実際の支援に結びつけていくことが望まれるのである。

⧛② 障害のある人の福祉に関する法律

❶ 障害者基本法

　障害者基本法は，1970（昭和45）年に制定された心身障害者対策基本法が，1993（平成5）年に改称・改正されたものである。目的（第1条）や「障害者」「社会的障壁」の定義（第2条），地域社会における共生等について（第

３条），差別の禁止（第４条）などを規定している。第14条から第30条において は，「障害者の自立及び社会参加の支援等のための基本的施策」として，医療や介護等における施策の促進を規定している。

2 障害者総合支援法

障害者の日常生活及び社会生活を総合的に支援するための法律（障害者総合支援法）は，2012（平成24）年６月に障害者自立支援法が改正され，法律名改称などの改正事項が2013（平成25）年４月から施行されたものである（一部は，2014（平成26）年４月施行）。「障害福祉サービスに係る給付」（第28条〜）や「地域生活支援事業」（第77条〜）などについて規定している。

3 身体障害者福祉法

身体障害者福祉法は，1949（昭和24）年に制定された。「身体障害者」の定義（第４条）において，「別表に掲げる身体上の障害がある18歳以上の者」とあるが，「別表」には，「視覚障害」「聴覚又は平衡機能の障害」「音声機能，言語機能又はそしゃく機能の障害」「肢体不自由」「心臓，じん臓又は呼吸器の機能の障害その他政令で定める障害」があげられている。「その他政令で定める障害」として，身体障害者福祉法施行令において，「ぼうこう又は直腸の機能」「小腸の機能」「ヒト免疫不全ウイルスによる免疫の機能」「肝臓の機能」の障害があげられている。

4 知的障害者福祉法

知的障害者福祉法は，1960（昭和35）年に，精神薄弱者福祉法として制定され，1998（平成10）年に，知的障害者福祉法へと改称された。知的障害者福祉法には，「知的障害者」の定義は示されていない。これは，知的障害を定義することの難しさを表しているといえるが，一般的に，①知的機能の障害がみられること，②発達期（おおむね18歳まで）に発現すること，③生活上の適応障害を伴うこと，の３点をもって，「知的障害」とされる。なお，1999（平成11）年の「精神薄弱の用語の整理のための関係法律の一

表 4-3　障害者基本法などの目的と定義

	目的	各障害の定義
障害者基本法	この法律は，全ての国民が，障害の有無にかかわらず，等しく基本的人権を享有するかけがえのない個人として尊重されるものであるとの理念にのっとり，全ての国民が，障害の有無によって分け隔てられることなく，相互に人格と個性を尊重し合いながら共生する社会を実現するため，障害者の自立及び社会参加の支援等のための施策に関し，基本原則を定め，及び国，地方公共団体等の責務を明らかにするとともに，障害者の自立及び社会参加の支援等のための施策の基本となる事項を定めること等により，障害者の自立及び社会参加の支援等のための施策を総合的かつ計画的に推進することを目的とする。（第 1 条）	この法律において，次の各号に掲げる用語の意義は，それぞれ当該各号に定めるところによる。 1　障害者　身体障害，知的障害，精神障害（発達障害を含む。）その他の心身の機能の障害がある者であって，障害及び社会的障壁により継続的に日常生活又は社会生活に相当な制限を受ける状態にあるものをいう。 2　社会的障壁　障害があるものにとって日常生活又は社会生活を営む上で障壁となるような社会における事物，制度，慣行，観念その他一切のものをいう。（第 2 条）
障害者総合支援法	この法律は，障害者基本法の基本的な理念にのっとり，身体障害者福祉法，知的障害者福祉法，精神保健及び精神障害者福祉に関する法律，児童福祉法その他障害者及び障害児の福祉に関する法律と相まって，障害者及び障害児が基本的人権を享有する個人としての尊厳にふさわしい日常生活又は社会生活を営むことができるよう，必要な障害福祉サービスに係る給付，地域生活支援事業その他の支援を総合的に行い，もって障害者及び障害児の福祉の増進を図るとともに，障害の有無にかかわらず国民が相互に人格と個性を尊重し安心して暮らすことのできる地域社会の実現に寄与することを目的とする。〔第 1 条〕	この法律において「障害者」とは，身体障害者福祉法第 4 条に規定する身体障害者，知的障害者福祉法にいう知的障害者のうち 18 歳以上である者及び精神保健及び精神障害者福祉に関する法律第 5 条に規定する精神障害者（発達障害者支援法第 2 条第 2 項に規定する発達障害者を含み，知的障害者福祉法にいう知的障害者を除く。）のうち 18 歳以上である者並びに治療方法が確立していない疾病その他の特殊の疾病であって政令で定めるものによる障害の程度が厚生労働大臣が定める程度である者であって 18 歳以上であるものをいう。（第 4 条）
身体障害者福祉法	この法律は，障害者総合支援法と相まって，身体障害者の自立と社会経済活動への参加を促進するため，身体障害者を援助し，及び必要に応じて保護し，もって身体障害者の福祉の増進を図ることを目的とする。（第 1 条）	この法律において，「身体障害者」とは，別表に掲げる身体上の障害がある18歳以上の者であって，都道府県知事から身体障害者手帳の交付を受けたものをいう。（第 4 条）
知的障害者福祉法	この法律は，障害者総合支援法と相まって，知的障害者の自立と社会経済活動への参加を促進するため，知的障害者を援助するとともに必要な保護を行い，もって知的障害者の福祉を図ることを目的とする。（第 1 条）	定義は設けられていない。
精神保健福祉法	この法律は，精神障害者の医療及び保護を行い，障害者総合支援法と相まってその社会復帰の促進及びその自立と社会経済活動への参加のために必要な援助を行い，並びにその発生の予防その他国民の精神的健康の保持及び増進に努めることによって，精神障害者の福祉の増進及び国民の精神保健の向上を図ることを目的とする。（第 1 条）	この法律で「精神障害者」とは，統合失調症，精神作用物質による急性中毒又はその依存症，知的障害，精神病質その他の精神疾患を有する者をいう。（第 5 条）

注：条文の一部については省略した。

部を改正する法律」の施行に伴い，これまで用いられていた「精神薄弱」という用語は，「知的障害」という用語に改められている。

5 精神保健福祉法

精神保健及び精神障害者福祉に関する法律（精神保健福祉法）は，1950（昭和25）年に制定された「精神衛生法」が，1987（昭和62）年に「精神保健法」に改正・改称され，さらに，1995（平成7）年に「精神保健及び精神障害者福祉に関する法律」に改正・改称されたものである。なお，「精神障害者」の定義（第5条）のなかに，「知的障害」も含まれているが，実際の保健や福祉サービスについては，「精神障害者（知的障害者を除く）」（第45条）とされている。

③ その他の法律

1 障害者差別解消法

障害を理由とする差別の解消の推進に関する法律（障害者差別解消法）は，2013（平成25）年6月に成立し，2016（平成28）年4月より施行されている。

第7条（行政機関等）と第8条（事業者）の第1項においては，障害を理由とする差別の禁止を，第2項においては，社会的障壁の除去の実施について必要かつ合理的な配慮の提供（行政機関等は義務，事業者は努力義務）を規定している。なお，第8条第2項の事業者の努力義務は，2021（令和3）年5月に改正法が成立し，義務化されることとなっている（公布（2021（令和3）年6月4日）から3年を超えない範囲内において政令で定める日から施行される）。

2 障害者虐待防止法

障害者虐待の防止，障害者の養護者に対する支援等に関する法律（障害者虐待防止法）は，2011（平成23）年6月に成立し，2012（平成24）年10

月から施行されたものである。第2条において「障害者虐待」を定義し（第2項），その類型を示す（第6項〜第8項）とともに，障害者に対する虐待の禁止（第3条）などを規定している。

3 身体障害者補助犬法

身体障害者補助犬法は，2002（平成14）年に制定されたものである。同法は，身体障害者補助犬を公共施設や公共交通機関，民間施設へ同伴することができるようにするための措置等を定めている。なお，「身体障害者補助犬」とは，「盲導犬，介助犬及び聴導犬」とされている（第2条）。

4 発達障害者支援法

発達障害者支援法は，2004（平成16）年に制定され，その後，2016（平成28）年6月に改正（同年8月より施行）された。改正によって，第1条（目的）に「切れ目なく発達障害者の支援を行うこと」などが盛り込まれたことが特徴である。発達障害者支援法において，「発達障害」とは，「自閉症，アスペルガー症候群その他の広汎性発達障害，学習障害，注意欠陥多動性障害その他これに類する脳機能の障害であってその症状が通常低年齢において発現するものとして政令で定めるもの」とされている（第2条）。

④ 障害者権利条約

我が国は，2007（平成19）年9月に障害者の権利に関する条約（障害者権利条約）に署名し，2009（平成21）年12月より，「障がい者制度改革」（障害者権利条約の締結に必要な国内法の整備をはじめとする我が国の障害者に係る制度の集中的な改革）を行ってきた。2013（平成25）年末までに批准の手続きを終え，2014（平成26）年2月，国内において発効している。

障害者権利条約は，①障害のある人を「権利の主体」と位置づけたこと，②障害当事者が条約の策定過程に参画したこと，③障害の「社会モデル」を採用したこと，などを特徴とし，一般規定（第1条〜第9条）において，「合理的配慮」の定義（第2条）や，「ソーシャル・インクルージョン」をはじ

めとする一般原則（第3条），「障害に基づくあらゆる差別の禁止」（第5条）などを規定している。また，個別規定（第10条〜第30条）においては，「障害者が，他の者との平等を基礎として，居住地を選択し，及びどこで誰と生活するかを選択する機会を有すること並びに特定の生活施設で生活する義務を負わないこと」（第19条），実施規定（第31条〜第40条）において，国内における実施および監視（第33条）について規定している。

　条約の発効から2年の経過を経た2016（平成28）年6月に，条約第35条が求める「包括的な報告」の提出がなされ，条約第36条に基づく提案や勧告を含む「総括所見」が示されることとなっている。

2 サービス・支援内容

① 障害者総合支援法に基づくサービス内容

　障害者総合支援法に基づく給付と支援は，「自立支援給付（第6条）」と「地域生活支援事業（第77条）」に分かれる（図4-2）。また「自立支援給付」は，「介護給付」「訓練等給付」「自立支援医療」「補装具」「地域相談支援」「計画相談支援」で構成されている。

(1) 介護給付費

　介護給付費は，居宅介護，重度訪問介護，同行援護，行動援護，療養介護，生活介護，短期入所，重度障害者等包括支援，施設入所支援を受けた際に支給される。

(2) 訓練等給付費

　訓練等給付は，自立訓練，就労移行支援，就労継続支援，就労定着支援，自立生活援助，共同生活援助を受けた際に支給される。

(3) 自立支援医療

　障害の除去および軽減のための医療や精神通院医療にかかる費用の自己負担額を軽減する公費負担医療制度である。

図 4-2　障害者総合支援法に基づく給付と支援

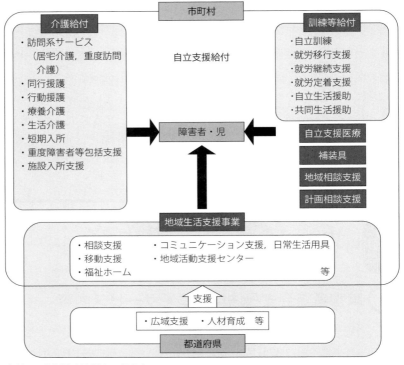

資料：厚生労働省資料を一部改変

(4) 補装具

　補装具を必要とする障害者，障害児，難病患者等に支給される。

(5) 相談支援

　相談支援とは，「基本相談支援」「地域相談支援」「計画相談支援」をいう。「基本相談支援」は相談や情報提供や助言等を行う。「地域相談支援」は「地域移行支援」（施設入所・入院している者が地域生活に移行するための相談）と「地域定着支援」（地域生活に移行した者が地域生活を継続していくための相談支援）を行う。「計画相談支援」は障害福祉サービスを利用するにあたってサービスの種類および内容等を定めた「サービス等利用計画案」を作成する。

表 4-4　障害福祉サービスに係る自立支援給付等の体系

介護給付費・特例介護給付費（第28条第1項）	居宅介護	自宅での，入浴・排泄・食事の介護など	第5条第2項
	重度訪問介護	重度の肢体不自由者などへの，自宅での，入浴・排泄・食事の介護，外出時における移動中の介護などの総合的な提供	第5条第3項
	同行援護	視覚障害者などへの，外出時の同行と移動に必要な情報の提供，移動の援護など	第5条第4項
	行動援護	行動上著しい困難を有する者への，行動する際に生じ得る危険を回避するために必要な援護，外出時における移動中の介護など	第5条第5項
	療養介護	医療と常時介護を必要とする者への，病院などでの機能訓練，療養上の管理，看護・医学的管理のもとにおける介護や日常生活上の世話の提供（うち医療に係るものは療養介護医療）	第5条第6項
	生活介護	常時介護を要する者への，障害者支援施設などでの入浴・排泄・食事の介護，創作的活動・生産活動の機会の提供	第5条第7項
	短期入所	介護者の病気などにより，短期間施設への入所を必要とする者への，施設での入浴・排泄・食事の介護	第5条第8項
	重度障害者等包括支援	介護の必要の程度が著しく高い者への，「居宅介護」など複数のサービスの包括的な提供	第5条第9項
	施設入所支援	施設に入所している者への，夜間における，入浴・排泄・食事の介護	第5条第10項
訓練等給付費・特例訓練等給付費（第28条第2項）	自立訓練	自立した日常生活や社会生活ができるように，身体機能または生活能力の向上のための訓練の提供	第5条第12項
	就労移行支援	就労を希望する者への，就労に必要な知識および能力の向上のための訓練の提供	第5条第13項
	就労継続支援	通常の事業所で雇用されることが困難な者への，就労機会の提供，就労に必要な知識や能力の向上のための訓練の提供	第5条第14項
	就労定着支援	一般就労に移行した者を対象とした，事業者・家族との連絡調整等の支援	第5条第15項
	自立生活援助	居宅での自立生活を希望する者への定期的な訪問等による支援	第5条第16項
	共同生活援助	共同生活を営む住居での，夜間における，相談や日常生活上の援助	第5条第17項

図4-3　サービスの利用手続き（支給決定プロセス）

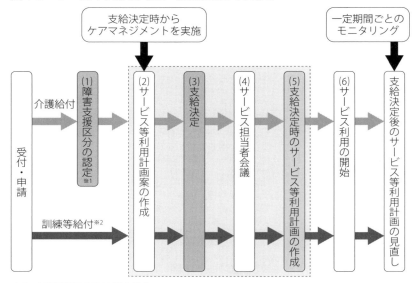

※1：同行援護の利用申請の場合
　　　障害支援区分の認定は必要ないが，同行援護アセスメント調査票の基準を満たす必要が
　　　ある
※2：共同生活援助の利用申請のうち，一定の場合は障害支援区分の認定が必要
出典：「障害福祉サービスの利用について（2018年4月版）」全国社会福祉協議会，2018年

(6) 地域生活支援事業

　自立支援給付が，全国一律の共通した枠組みであるのに対して，地域生活
支援事業は，市町村が利用者の状況に応じて柔軟に実施するものである。自
立した日常生活および社会生活ができるよう事業を行うこととしている。

　なお，障害福祉サービスの利用を希望する場合は，居住地の市町村に申請
することになる。申請のあった市町村は，障害支援区分の認定や勘案事項調
査等を行い，サービス等利用計画案の提出を受け，支給の決定がなされる。

||| ② 手帳制度

身体障害者手帳は，身体障害者福祉法第 15 条において，「身体に障害の
ある者は，都道府県知事の定める医師の診断書を添えて，その居住地の都道
府県知事に身体障害者手帳の交付を申請することができる」とされている。

知的障害のある人に対する「療育手帳」制度は，事務次官通知による「要
綱」により実施されている。要綱には，「児童相談所又は知的障害者更生相
談所において知的障害であると判定された者に対して交付する」としている。

精神障害者保健福祉手帳については，精神保健福祉法第 45 条において，
「精神障害者（知的障害者を除く）は，厚生労働省令で定める書類を添えて，
その居住地の都道府県知事に精神障害者保健福祉手帳の交付を申請すること
ができる」とされている。

||| ③ 権利擁護に関する事業

1 日常生活自立支援事業

日常生活自立支援事業は，社会福祉法第 2 条第 3 項第 12 号に定められた
「福祉サービス利用援助事業」のことをいう。日常生活自立支援事業の援助
内容には，判断能力が十分ではない人に対して，①福祉サービスの利用に関
する援助，②預金の払い戻しや解約，預け入れなどの日常生活費の管理，③
定期的な訪問による生活変化の察知，がある。

2 成年後見制度

成年後見に関する制度は，精神上の障害により判断能力を欠く状態にある
人について，その人の「生活，療養看護及び財産の管理に関する事務」を，
成年後見人等が行う制度であり，民法と任意後見契約に関する法律に定めら
れたものである。成年後見制度には，法定後見制度と任意後見制度の二つが
あり，法定後見制度には，後見，保佐および補助の三つの類型がある。

3 実施機関

1 市町村

　市町村は，障害者総合支援法において，自立支援給付や地域生活支援事業の実施，障害者福祉に関する情報の提供，意思疎通についての便宜の供与，障害者虐待の防止，障害者の権利擁護のための援助などを行うことが定められている。

　また，市町村は，身体障害者福祉法における「援護」の，知的障害者福祉法における「更生援護」の実施者とされ，それぞれ，情報の提供や指導などを行うとともに，精神保健福祉法においても「相談・助言」や「あっせん・調整」を行うとされている。

2 福祉事務所

　身体障害者福祉法と知的障害者福祉法で定められた市町村が行うとされた業務については，市（福祉事務所設置）および福祉事務所を設置している町村にあっては，福祉事務所が行っている。市町村の福祉事務所には身体障害者福祉司と知的障害者福祉司を置くことができるとされている。

3 都道府県

　都道府県は，障害者総合支援法において，市町村に対する必要な助言や情報提供，市町村との連携を図り自立支援医療費の支給や地域生活支援事業の総合的実施，専門的な知識・技術を必要とする者に対する相談・指導，市町村と協力して権利擁護のための援助などを行うことなどが定められている。

4 身体障害者更生相談所

　身体障害者更生相談所は，身体障害者の更生援護の利便や市町村の援護の適切な実施のため設置されており，その主な業務は，「市町村間の連絡調整

や市町村に対する情報の提供」「身体障害者に関する相談及び指導のうち，専門的な知識及び技術を必要とするもの」「身体障害者の医学的，心理学的及び職能的判定」「補装具の処方・適合判定」とされている。身体障害者更生相談所には身体障害者福祉司を置かなければならないとされている。

5 知的障害者更生相談所

知的障害者更生相談所の主な業務は，「市町村間の連絡調整・市町村に対する情報の提供」「専門的な知識及び技術を必要とする相談・指導」「18歳以上の知的障害者の医学的，心理学的及び職能的判定」とされている。知的障害者更生相談所には知的障害者福祉司を置かなければならないとされている。

6 精神保健福祉センター

精神保健福祉センターは，精神保健の向上と精神障害のある人の福祉の増進を図るための機関として置かれており，精神保健と精神障害のある人の福祉に関して，「知識の普及と調査研究」「相談指導のうち複雑又は困難なもの」「精神医療審査会の事務」などを行うとされている。精神保健福祉センターには，精神保健福祉相談員（精神保健や精神障害者の福祉に関する相談に応じ，精神障害者やその家族等を訪問して必要な指導を行うための職員）を置くことができるとしている。

■参考文献
・障害者福祉研究会編『ICF 国際生活機能分類―国際障害分類改定版』中央法規出版，2002 年
・若林美佳監『すぐに役立つこれならわかる障害者総合支援法と支援サービスのしくみと手続き』三修社，2019 年
・長瀬修・東俊裕・川島聡編著『障害者の権利条約と日本―概要と展望 増補改訂版』生活書院，2012 年
・相澤讓治ほか編『障害者福祉論―障害者ソーシャルワークと障害者総合支援法』みらい，2021 年
・岩崎香ほか編著『障害者福祉論』ミネルヴァ書房，2021 年
・和田光一・筒井澄栄編著『最新障害者福祉論のすすめ』学文社，2021 年

第3節 高齢者福祉

1 概観

　我が国の65歳以上人口が総人口に占める割合（高齢化率）は，1950（昭和25）年には5％に満たなかったが，1970（昭和45）年に7％，さらに1994（平成6）年には14％を超えた。高齢化率は，その後も上昇を続け，2020（令和2）年10月1日現在，28.8％に達している。今後も，少子化と相まって，2040（令和22）年には35.3％，2065（令和47）年には38.4％と高齢化が進むことが予想されている[4]。

　高齢者福祉を担う柱として，心身の健康の保持および生活の安定等を目的とした「老人福祉法」が1963（昭和38）年に制定された。同法は，「老人の福祉に関する原理を明らかにするとともに，老人に対し，その心身の健康の保持及び生活の安定のために必要な措置を講じ，もって老人の福祉を図ることを目的」としている（第1条）。その後，高齢社会の到来に向け，その保健医療を担う「老人保健法」が1982（昭和57）年に制定され，急速な要介護高齢者の増加に伴う介護ニーズ等に備えて，具体的な数値目標を定めた「高齢者保健福祉推進十か年戦略（ゴールドプラン）[5]」が1989（平成元）年

4　内閣府編『令和3年版 高齢社会白書』pp.2〜4，2021年
5　ゴールドプランは，急速な高齢化に伴い1994（平成6）年に「新・高齢者保健福祉推進十か年戦略（新ゴールドプラン）」として改定され，介護保険実施とともに，「今後5か年間の高齢者保健福祉施策の方向（ゴールドプラン21）」として，介護サービスの基盤整備と生活支援対策などが盛り込まれた。

に策定された。さらに，高齢者等が利用する福祉サービスを，施設福祉主導から在宅・地域福祉へ移行することを理念とした「老人福祉法等の一部を改正する法律」（福祉関係八法改正）が1990（平成2）年に制定され，1995（平成7）年には，急速に進行する高齢化に適切に対処し，経済社会の健全な発展と国民生活の安定向上を図ることを目的とした「高齢社会対策基本法」が制定された。そして，1997（平成9）年から始まった「社会福祉基礎構造改革」と時を同じく成立した「介護保険法」は，介護問題を社会的に支えるしくみとし，社会福祉を行政の給付する制度（措置）から住民が選択するサービス（契約）へと転換させ，新しい時代の社会福祉の形態を具現化して2000（平成12）年から実施された。

　さらに，2008（平成20）年「高齢者の医療の確保に関する法律」（高齢者医療確保法)により，後期高齢者に対する医療制度が幕を開けた。これは，人口減少と超高齢社会における医療および介護の連携や給付と負担のバランスを図りつつ，両制度の持続可能性を確保していくことを目的として制定されたものである。

　一方で，近年は認知症等の要援護高齢者の権利擁護や地域生活を支援する法制度も整備されており，「成年後見制度」と「日常生活自立支援事業」が2000（平成12）年に実施され，2006（平成18）年に「高齢者虐待の防止，高齢者の養護者に対する支援等に関する法律」（高齢者虐待防止法）が施行された。加えて，急増するであろう認知症高齢者への支援策として，2012（平成24）年には「認知症施策推進5か年計画（オレンジプラン）」が策定され，さらに，それを改める形で2015（平成27）年に「認知症施策推進総合戦略～認知症高齢者等にやさしい地域づくりに向けて～（新オレンジプラン）」が策定されている（2017（平成29）年改定）。2019（令和元）年には，「認知症施策推進大綱」が取りまとめられた。

2 サービス・支援内容

① 老人福祉法に規定する主なサービス

(1) 老人居宅生活支援事業（居宅サービス）

❶ 老人居宅介護等事業（ホームヘルプ）

居宅において，入浴，排泄，食事等の介護その他日常生活を営むための支援を行う。

❷ 老人デイサービス事業

特別養護老人ホーム等に通わせて，入浴，排泄，食事等の介護，機能訓練，介護方法の指導を行う。

❸ 老人短期入所事業（ショートステイ）

養護者の疾病その他の理由により居宅における介護が一時的に困難となった者を短期間入所させる。

❹ 小規模多機能型居宅介護事業

居宅での介護，あるいはサービス拠点に通わせ，または短期間宿泊させて，入浴，排泄，食事等の介護，機能訓練等を行う。

❺ 認知症対応型老人共同生活援助事業

認知症高齢者で日常生活に支障がある者に対して，共同生活を営む住居において入浴，排泄，食事等の介護その他日常生活上の援助を行う。

❻ 複合型サービス福祉事業

訪問看護および小規模多機能型居宅介護を組み合わせて一体的に提供することが特に効果的な場合に提供する。

(2) 老人福祉施設

❶ 老人デイサービスセンター

(1)の❷の事業を行う。

❷ 老人短期入所施設

(1)の❸の事業を行う。

❸ 養護老人ホーム

　環境上および経済的理由により居宅において養護を受けることが困難な者を入所対象としている。

❹ 特別養護老人ホーム

　身体上または精神上著しい障害により常時介護を必要とし，かつ，居宅において介護を受けることが困難な者を入所対象としている。

❺ 軽費老人ホーム

　無料または低額な料金で，高齢者を入所させ，食事の提供その他日常生活に必要な援助を行うものである。Ａ型，Ｂ型，ケアハウスの３タイプがあるが，Ａ型，Ｂ型の新設は認められていない。ケアハウスは，「自立型」と「介護型」があり，増加傾向にある。

❻ 老人福祉センター

　無料または低額な料金で，相談，健康の増進，レクリエーション等の援助を行う。Ａ型，特Ａ型，Ｂ型の３タイプがある。

❼ 老人介護支援センター

　高齢者および養護者等からの相談に応じ，助言を行う。また，関係機関との連絡調整を行う。介護保険制度に地域包括支援センターが位置づけられてから，多くの老人介護支援センターが地域包括支援センターに移行した。

(3) 高齢者福祉の増進のための事業

　法第13条において，地方公共団体は高齢者の心身の健康保持に資するための「老人健康保持事業」の実施に努めなければならないとしている。また，老人クラブへの援助についても規定している。

(4) 有料老人ホーム

　法第29条において「有料老人ホーム」について，都道府県知事への届け出や立入検査等の規定が記されている。

　ところで，老人福祉法第10条では「身体上又は精神上の障害があるために日常生活を営むのに支障がある老人の介護等に関する措置については，この法律に定めるもののほか，介護保険法の定めるところによる」としている。つまり，前述の「老人居宅生活支援事業」および「老人デイサービスセンター」

「老人短期入所施設」「特別養護老人ホーム」は介護保険制度に規定するサービスとして位置づけられている。

　なお，介護保険制度は自らが選択し，サービス事業者（施設）と契約してサービスを利用するという性格から，やむを得ない事由（認知症その他の理由で意思能力が乏しくなったケースや虐待等）により，介護保険サービスを受けられない高齢者に対して市町村が職権をもって利用に結びつける（措置制度）ことが規定されている。

② 介護保険法に規定するサービス

(1) 介護保険法の目的・意義

　介護保険制度の目的や意義については，第1条に，要介護高齢者の「尊厳を保持し，その有する能力に応じ自立した日常生活を営むことができるよう，必要な保健医療サービス及び福祉サービスに係る給付を行うため，国民の共同連帯の理念に基づき介護保険制度を設け，〔中略〕もって国民の保健医療の向上及び福祉の増進を図ることを目的とする」とある。また，第2条では，第2項で「要介護状態等の軽減又は悪化の防止に資するよう行われるとともに，医療との連携に十分配慮して行われなければならない」，第3項で「被保険者の選択に基づき，適切な保健医療サービス及び福祉サービスが，多様な事業者又は施設から，総合的かつ効率的に提供されるよう配慮して行われなければならない」とされている。さらに，第4条第2項には「国民は，共同連帯の理念に基づき，介護保険事業に要する費用を公平に負担するものとする」と記されている。つまり，①単に介護を要する高齢者の身の回りの世話にとどまらず，高齢者の人格や思いを尊重し，その自立を支援する（利用者の尊厳保持と自立支援），②要介護状態等に対する軽減・防止（予防），③医療と介護の連携，④複数の事業所の中から利用者が選択し，保健医療・福祉サービスを受けられる（利用者本位），⑤国民全体で費用を負担する（社会保険方式），などがあげられる。

⑵ 介護保険のしくみ

❶ 保険者

　保険者は市区町村であり，次の業務を行う。①被保険者の管理，②要介護・要支援の認定，③保険給付，④介護保険条例の制定など。なお，国，都道府県，医療保険者は市区町村を重層的に支えることになっている。

❷ 被保険者

　被保険者は40歳以上の人で，第1号被保険者と第2号被保険者に分かれる。第1号被保険者は65歳以上の人で，要介護状態や要支援状態になったときに，必要なサービスを受けることができる。第2号被保険者は40歳以上65歳未満の医療保険加入者であり，「特定疾病（加齢に伴って生ずる心身の変化に起因する疾病）」によって要介護状態や要支援状態になった場合にサービスを受けることができる。

❸ 保険料と利用者負担

　保険料は被保険者となったときから支払う義務が発生し，利用者負担は介護サービス費用の1割（一定以上の所得者は2割または3割）を負担するほか，施設では食費などの実費負担が加わる。

⑶ 介護サービス利用の流れ（図4-4）

❶ 市区町村へ申請

　本人や家族，または依頼を受けた指定居宅介護支援事業者，地域包括支援センター，介護保険施設などが，市区町村に申請できる。

❷ 訪問調査

　市区町村の担当職員または依頼を受けた介護支援専門員（ケアマネジャー）が，介護を必要とする人の状態を把握するために家庭訪問を実施する。

❸ 介護認定審査会で審査

　訪問調査に基づくコンピュータ判定（一次判定）の結果と主治医意見書等を加えた介護認定審査会の審査（二次判定）によって，要介護1から要介護5（1から5に向かうほど要介護度は高くなる），あるいは，要支援1（支援度低い）・要支援2（支援度高い）に認定され，介護給付または予防給付サービスの利用となる。

図 4-4 介護サービスの利用の手続き

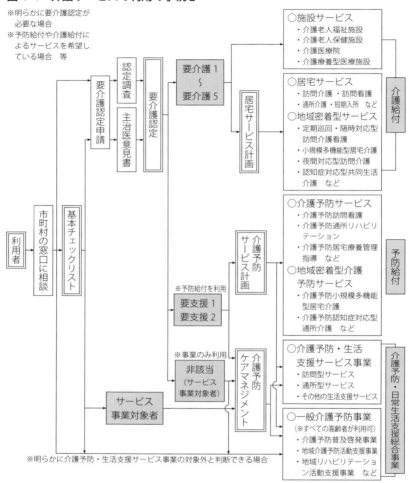

資料：厚生労働省「公的介護保険制度の現状と今後の役割」平成30年度を一部改変

図4-5　サービス等の種類

	予防給付におけるサービス	介護給付におけるサービス
都道府県が指定・監督を行うサービス	◎介護予防サービス 【訪問サービス】 ○介護予防訪問入浴介護 ○介護予防訪問看護 ○介護予防訪問リハビリテーション ○介護予防居宅療養管理指導 【通所サービス】 ○介護予防通所リハビリテーション 【短期入所サービス】 ○介護予防短期入所生活介護 ○介護予防短期入所療養介護 ○介護予防特定施設入居者生活介護 ○介護予防福祉用具貸与 ○特定介護予防福祉用具販売	◎居宅サービス 【訪問サービス】 ○訪問介護 ○訪問入浴介護 ○訪問看護 ○訪問リハビリテーション ○居宅療養管理指導 【通所サービス】 ○通所介護 ○通所リハビリテーション 【短期入所サービス】 ○短期入所生活介護 ○短期入所療養介護 ○特定施設入居者生活介護 ○福祉用具貸与 ○特定福祉用具販売 ◎居宅介護支援 ◎施設サービス ○介護老人福祉施設 ○介護老人保健施設 ○介護医療院 ○介護療養型医療施設
市町村が指定・監督を行うサービス	◎介護予防支援 ◎地域密着型介護予防サービス ○介護予防小規模多機能型居宅介護 ○介護予防認知症対応型通所介護 ○介護予防認知症対応型共同生活介護（グループホーム）	◎地域密着型サービス ○定期巡回・随時対応型訪問介護看護 ○小規模多機能型居宅介護 ○夜間対応型訪問介護 ○認知症対応型通所介護 ○認知症対応型共同生活介護（グループホーム） ○地域密着型特定施設入居者生活介護 ○地域密着型介護老人福祉施設入所者生活介護 ○看護小規模多機能型居宅介護 ○地域密着型通所介護
その他	○住宅改修	○住宅改修

市町村が実施する事業	◎地域支援事業 ○介護予防・日常生活支援総合事業 (1)　介護予防・生活支援サービス事業 ・訪問型サービス ・通所型サービス ・生活支援サービス ・介護予防ケアマネジメント (2)　一般介護予防事業 ・介護予防把握事業 ・介護予防普及啓発事業 ・地域介護予防活動支援事業 ・一般介護予防事業評価事業 ・地域リハビリテーション活動支援事業 ○包括的支援事業（地域包括支援センターの運営） ・介護予防ケアマネジメント ・総合相談支援業務 ・権利擁護業務 ・包括的・継続的ケアマネジメント支援業務 ○包括的支援事業（社会保障充実分） ・在宅医療・介護連携推進事業 ・生活支援体制整備事業 ・認知症総合支援事業 ・地域ケア会議推進事業 ○任意事業

資料：厚生労働省資料

❹ 利用サービス

「要介護」認定者は「施設サービス」「地域密着型サービス」「居宅サービス」「居宅介護支援」が利用できる。「要支援」認定者は「介護予防サービス」「地域密着型介護予防サービス」「介護予防支援」が利用できるようになる。なお，介護認定審査会で「非該当」と認定された者も地域支援事業により「介護予防・生活支援サービス」等が利用できる（図4-5）。

❺ 介護サービス計画（ケアプラン）の作成

介護保険制度では，サービスを適切に利用することを支援するため「介護サービス計画」の作成が必要となる。「介護サービス計画」には，「要介護者」を対象とする「居宅サービス計画」と「施設サービス計画」，「要支援者」を対象とする「介護予防サービス計画」がある。「居宅サービス計画」は居宅介護支援事業所の介護支援専門員が利用者の心身の状況などを把握し適切なサービスの利用を支援するものである。「施設サービス計画」は施設に配置された介護支援専門員が作成することになる。「介護予防サービス計画」は地域包括支援センターが作成する。なお，これら計画は「要介護者」本人や家族が作成することもできる。

⦿③ 高齢者虐待防止法

高齢者虐待の防止，高齢者の養護者に対する支援等に関する法律（高齢者虐待防止法）は，「高齢者に対する虐待が深刻な状況にあり，高齢者の尊厳の保持にとって高齢者に対する虐待を防止することが極めて重要であること」（第1条）を背景として，高齢者虐待を受けた高齢者に対する保護のみならず，高齢者を養護する者の負担の軽減等についても規定し，高齢者虐待の防止，養護者に対する支援および高齢者の権利利益の擁護を目的として，2006（平成18）年に施行された。

この法律では，高齢者を「65歳以上の者」，家族など高齢者を現に養護する者を「養護者」と定義し，養護者や介護施設・介護事業所等の従事者などによる以下の行為を高齢者虐待と定義した。

① 身体的虐待（身体に外傷が生じ，または生じるおそれのある暴行を加え

る行為)

② ネグレクト(著しい減食・放置,養護者以外の同居人による虐待行為の放置)

③ 心理的虐待(著しい暴言または著しく拒絶的な対応その他の高齢者に著しい心理的外傷を与える言動)

④ 性的虐待(高齢者にわいせつな行為をすること,または高齢者をしてわいせつな行為をさせること)

⑤ 経済的虐待(高齢者の財産を不当に処分したり,不当に財産上の利益を得ることで,親族による行為も該当する)

④ 成年後見制度(民法)

前節を参照されたい。

⑤ 日常生活自立支援事業(社会福祉法)

前節を参照されたい。

3 実施機関

1 市町村

介護保険法は,介護保険制度の保険者として市町村を規定しており,具体的には,「要介護認定」「保険給付」「第1号被保険者の保険料の賦課・徴収」などの保険事業の実施や介護サービスの基礎整備などを行うことを定めている。

また,地域包括支援センターを「高齢者やその家族に対する総合的な相談・支援事業」「介護予防ケアマネジメント事業」「権利擁護事業」「包括的支援

事業」等を担う機関として位置づけており，近年その役割が大きくなっている。

　老人福祉法では，市町村は高齢者の福祉に関し，「実情の把握」「情報の提供・相談」「調査及び指導」を行うこととしている。また，市町村を福祉の措置の実施者として定めており，市町村は「支援体制の整備等」「居宅における介護等」「老人ホームへの入所等」などの措置を行う。同法においては，地域の高齢者福祉の実施主体として行政機関の役割を示しているが，具体的な介護サービスについては，介護保険を利用できない高齢者を対象とすることが記されている。

２ 都道府県

　介護保険法では，介護保険事業の運営が健全かつ円滑に行われるように「必要な助言及び適切な援助」を行うことが規定されているほか，医療保険者等と重層的に市町村を支援することが記されている。

　老人福祉法においては，都道府県の役割として，養護老人ホームおよび特別養護老人ホームの設備および運営についての基準の策定などのほか，都道府県知事による報告書や改善命令等についても規定している。

■参考文献
・馬場茂樹・和田光一編著『＜シリーズ福祉のすすめ４＞現代高齢者福祉のすすめ 第２版』学文社，2014 年
・厚生労働省編『平成 28 年版 厚生労働白書』2016 年
・内閣府編『令和３年版 高齢社会白書』2021 年
・厚生労働省老健局「高齢者福祉施策の現状と動向」2008 年
・社会福祉の動向編集委員会編『社会福祉の動向 2021』中央法規出版，2021 年

母子・父子・寡婦福祉

1 概観

　母子・父子家庭は，保護者ひとりで，仕事と子育ての両立に迫られるため，さまざまな生活上の課題を抱えることが多い。歴史的にも，母子家庭は古くから援助の対象であった。また，寡婦（配偶者のいない女子であって，かつて母子家庭の母であったもの）も同様な環境に置かれることが多い。そのため，日本の母子福祉施策は経済的支援を中心に進められてきた。さらに，男性も安定した収入を得られないケースが増加したことから，現在ではひとり親家庭に対する支援という形で施策が進められるようになっている。

① ひとり親家庭に対する支援施策の沿革

　戦前，母子家庭に対しては，母子保護法などが存在したが，戦後，生活保護法の制定により，廃止された。その後，1952（昭和27）年に母子家庭に福祉資金を貸付する「母子福祉資金の貸付等に関する法律」が制定された。さらに1959（昭和34）年，「国民年金法」制定により，死別母子世帯に対して母子（福祉）年金，1961（昭和36）年に「児童扶養手当法」制定により，生別母子世帯に対して児童扶養手当を支給することになった。それでも，母子家庭を取り巻く環境は厳しかったことから，1964（昭和39）年に「母子福祉法」が制定された。その後，1981（昭和56）年には寡婦も対象に含め，

「母子及び寡婦福祉法」と改称された。

1990年代以降，離婚の増加など母子家庭の生活課題が変化してきた。そこで，2002（平成14）年，国は「きめ細かな福祉サービスの展開」と「自立の支援」を謳った「母子家庭等自立支援対策大綱」を制定した。これを受けて2002（平成14）年，「母子及び寡婦福祉法」は改正され，国は「母子家庭及び寡婦の生活の安定と向上のための措置に関する基本的な方針」を，都道府県および市等は「自立促進計画」を策定することになった。また「母子家庭等」に父子家庭が含められた。さらに，母子家庭等の就業支援を進める目的で2013（平成25）年には，「母子家庭の母及び父子家庭の父の就業の支援に関する特別措置法」が施行された。こうした経緯を経て2014（平成26）年には，父子家庭への支援が拡大され，「母子及び父子並びに寡婦福祉法」に改称された。

② 母子及び父子並びに寡婦福祉法の目的および理念

母子及び父子並びに寡婦福祉法第１条（目的）では，「母子家庭等及び寡婦の福祉に関する原理を明らかにするとともに，母子家庭等及び寡婦に対し，その生活の安定と向上のために必要な措置を講じ，もって母子家庭等及び寡婦の福祉を図ることを目的とする」とされている。また第２条（基本理念）では，「全て母子家庭等には，児童が，その置かれている環境にかかわらず，心身ともに健やかに育成されるために必要な諸条件と，その母子家庭の母及び父子家庭の父の健康で文化的な生活とが保障されるものとする」となっている。また「寡婦には，母子家庭の母及び父子家庭の父に準じて健康で文化的な生活が保障されるものとする」とされている。

2 サービス・支援内容

① 経済的支援

1 母子・父子・寡婦福祉資金の貸付

母子・父子・寡婦福祉資金貸付制度は，都道府県・指定都市・中核市が実施主体となり母子家庭・父子家庭・寡婦に対して経済的自立の助成と生活意欲の助長を図り，あわせてその扶養している児童の福祉を増進する目的で資金を貸し付けるものである。母子・父子・寡婦福祉資金には，①事業開始資金，②事業継続資金，③修学資金，④技能習得資金，⑤修業資金，⑥就職支度資金，⑦医療介護資金，⑧生活資金，⑨住宅資金，⑩転宅資金，⑪就学支度資金，⑫結婚資金の12種類が存在している。資金の利息は無利子または年1.0％の低利であり，経済的に困窮している母子家庭等や寡婦にとっての後ろ盾となっている。

2 児童扶養手当

児童扶養手当とは，児童扶養手当法第1条（目的）に「父又は母と生計を同じくしていない児童が育成される家庭の生活の安定と自立の促進に寄与するため，当該児童について児童扶養手当を支給し，もって児童の福祉の増進を図ることを目的とする」とされている。支給要件としては，「父母が婚姻を解消した児童」「父または母が死亡した児童」「父または母が一定程度の障害の状態にある児童」「父または母の生死が明らかでない児童」などを監護等していること，となっている。また，支給対象者は，「18歳に達する日以後の最初の3月31日までの間にある児童（障害児の場合は20歳未満）を監護する母，監護し，かつ生計を同じくする父または養育する者（祖父母等）」である。児童扶養手当の金額は，全額支給で児童1人の場合4万3160円，2人目の場合1万190円，3人目以降は1人につき6110円となっている（2021（令和3）年4月現在）。

▌▌▌② 就労支援

　母子家庭等が経済的に自立するためには，就労に向けた支援は欠かせない。そこで，2003（平成15）年度より都道府県・指定都市・中核市が実施主体となり，就業相談，就業支援講習会の実施，就職情報の提供などを行う「母子家庭等就業・自立支援センター事業」が開始された。また，2008（平成20）年度からはこれら地方公共団体以外の市町村においても，このセンターの事業と同様な「一般市等就業・自立支援事業」が開始されている。このほか，就労につながる資格取得に向けた支援として，「自立支援教育訓練給付金事業」が2003（平成15）年度から開始された。これは雇用保険の教育訓練給付の受給資格がない母子家庭の母等が教育訓練講座を受講し，修了するとその受講料の一部を支給するものである。さらに，看護師や介護福祉士，保育士など母子家庭の母等が就職に有利な資格を取得するために養成機関で修業する際に都道府県等が給付金を支給する「高等職業訓練促進給付金事業」も実施されている。

▌▌▌③ 母子・父子福祉関係施設

　母子・父子福祉関係施設として児童福祉法に基づく「母子生活支援施設」，母子及び父子並びに寡婦福祉法に基づく「母子・父子福祉センター」「母子・父子休養ホーム」があげられる。

　母子生活支援施設は，「配偶者のない女子又はこれに準ずる事情にある女子及びその者の監護すべき児童を入所させて，これらの者を保護するとともに，これらの者の自立の促進のためにその生活を支援し，あわせて退所した者について相談その他の援助を行うこと」とされている。2019（令和元）年現在，全国に219か所設置されている。この施設は近年増加しているドメスティック・バイオレンス（DV）被害を受けた母子の一時避難場所としての役割も果たしている。

　母子・父子福祉センターは，無料または低額な料金で，母子家庭等に対して，各種の相談に応ずるとともに，生活指導および生業の指導を行う等母子

家庭等の福祉のための便宜を供与する施設である。また，母子・父子休養ホームは，無料または低額な料金で，母子家庭等に対して，レクリエーションその他休養のための便宜を供与する施設である。

④ 子育て支援施策等

　保護者が安心して就労するためには，充実した子育て環境が必要である。そこで，母子及び父子並びに寡婦福祉法では，市町村に対して母子家庭等の児童の保育所や認定こども園の入所選考や調整を行う際に特別の配慮を求めている。また，放課後児童健全育成事業においても母子家庭等の福祉の増進が求められている。さらに，保護者が疾病その他の理由により，日常生活を営むのに支障がある場合，乳幼児の保育や食事，身の回りの世話，生活に関する助言などを行う「ひとり親家庭等日常生活支援事業」が実施されている。

3 実施機関

　福祉事務所は「母子家庭等及び寡婦の福祉に関し，母子家庭等及び寡婦並びに母子・父子福祉団体の実情その他必要な実情の把握に努めること」「母子家庭等及び寡婦の福祉に関する相談に応じ，必要な調査及び指導を行うこと，並びにこれらに付随する業務を行うこと」と規定されている（母子及び父子並びに寡婦福祉法第9条）。福祉事務所には「母子・父子自立支援員」が配置され，母子家庭等の相談に応じ，自立に必要な情報提供，指導，求職活動の支援などを行っている。

■参考文献
・厚生労働統計協会編『国民の福祉と介護の動向 2021/2022』2021年
・一般社団法人日本ソーシャルワーク教育学校連盟編『＜最新 社会福祉士養成講座3＞児童・家庭福祉』中央法規出版，2021年
・最新保育士養成講座総括編纂委員会編『＜最新保育士養成講座第3巻＞子ども家庭福祉』全国社会福祉協議会，2019年

1 概観

　生活保護法（1950（昭和25）年）第1条において，「この法律は，日本
国憲法第25条に規定する理念に基き，国が生活に困窮するすべての国民に
対し，その困窮の程度に応じ，必要な保護を行い，その最低限度の生活を保
障するとともに，その自立を助長することを目的とする」と規定されている。
本条において「日本国憲法第25条に規定する理念（p.11）に基き」とある
ことから，生活保護法は憲法第25条（生存権）の保障を国が実体的に具現
することを目的とするものである。同法では基本原理（第1条から第4条）
で基本的な考え方を示し，基本原則（第7条から第10条）で具体的運用の
あり方を示している。

　被保護世帯（人員）および保護率は図4-6のとおり推移している。その上
下動は経済状況（景気，失業等）に連動していることがわかる。1992（平
成4）年度には58万6000世帯（89万8000人）と過去最少となっている。
その後，2014（平成26）年度まで増加に転じ，2015（平成27）年度から
微減傾向となっていたが，2017（平成29）年度に164万854世帯となり，
過去最多を更新した。2019（令和元）年度では163万5724世帯（207万
3117人）となっている。

　被保護世帯の世帯類型（2019（令和元）年度）は高齢者世帯（55.1％），
傷病・障害者世帯（25.0％），母子世帯（5.0％）となっている。つまり，何

図4-6　被保護世帯・人員・保護率の推移

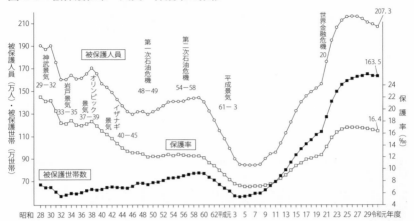

資料：厚生労働省「被保護者調査」

らかのハンディキャップをもつ世帯が多いということである。高齢者世帯が半数以上を占めているが，少子高齢化の中，今後も増加が予想されている。

　生活保護基準の見直しが2013（平成25）年8月から行われた。この見直しは制度発足以来，最も高い比率での引き下げであり，大きな議論がある[6]。同年12月には生活保護法の一部改正と生活困窮者自立支援法が成立した。さらに，2018（平成30）年6月にも一部法改正があった。また，同年10月から再び保護基準の見直しが行われ，ここでも基準が引き下げられた。

　生活保護法の一部改正（2013（平成25）年12月）のポイントは「就労支援の強化（就労自立給付金の創設）」「健康・生活面等に着目した支援」「不正・不適正受給対策の強化」「医療扶助の適正化[7]」である。生活困窮者自立

6　この引き下げに対して，全国29都道府県で1000人を超える原告が国に対して違憲訴訟を起こしている。2020（令和2）年の名古屋地裁では原告の訴えが棄却されたが，2021（令和3）年2月の大阪地裁判決では原告勝訴となっている。

7　これについても議論がある。2013（平成25）年の改正により，医療扶助の方法として医師が「被保護者に対し，可能な限り後発医薬品の使用を促す」とされていたが，2018（平成30）年の法改正では，「原則として，後発医薬品によりその給付を行う」とされた。このような動きに対して，2018（平成30）年2月に全国保険医団体連合会は「生活保護受給者のみに，差別・制限診療を持ち込むことは，経済力のあるなしにかかわらず，必要な医療を保障する国民皆保険の精神に反するものである。憲法に定める生存権（憲法25条）や法の下に平等（憲法14条）に抵触する恐れもある。〔中略〕後発医薬品の使用原則化は撤回すべきである」と反対声明を出している。

支援法は生活保護に至る前の段階の自立支援策の強化を目的としたものである。生活保護法ならびに生活困窮者自立支援法はともに国民生活のセーフティネットとして機能している。まさに生活保護は最後のセーフティネットである。

ところで，生活保護法は「自立の助長」を積極的に図っていくことも目的としている。近年，生活保護の動向の一つに「自立のための支援」として就労・自立支援の充実があげられる。

2 生活保護制度の概要

① 基本原理

1 国家責任による最低生活保障の原理
（国家責任の原理）（第1条）

この原理は，生活保護法第1条（p.112）に規定されているとおり，同法の目的を定めた最も根本的な原理であり，国が生活に困窮する国民の最低生活を保障することを規定しているものである。

また，同条では単に生活に困窮する国民の最低生活を保障するだけでなく，保護を受ける者が能力に応じて，自立した社会生活ができるように自立を助長することも規定している。

2 無差別平等の原理 （第2条）

「すべて国民は，この法律の定める要件を満たす限り，この法律による保護を，無差別平等に受けることができる」と規定している。この条文は，生活に困窮した国民が保護を受けることが権利として保障されていることを規定したものである。また，信条，性別，社会的身分などによる優先的，差別的な取り扱いを否定するとともに，生活困窮に陥った原因による差別的扱い

をも否定するものである。

3 健康で文化的な最低生活保障の原理 (第3条)

「この法律により保障される最低限度の生活は，健康で文化的な生活水準を維持することができるものでなければならない」と規定している。つまり，同法は憲法第25条 (生存権保障) の理念を具現するための制度であるため，保障される生活水準は憲法上権利として保障されている生活 (健康で文化的な生活) を可能とするものでなければならないということである。

4 保護の補足性の原理 (第4条)

「保護は，生活に困窮する者が，その利用し得る資産，能力その他あらゆるものを，その最低限度の生活の維持のために活用することを要件として行われる」(第1項) と規定している。また，「扶養義務者の扶養及び他の法律に定める扶助は〔中略〕優先して行われる」(第2項) としている。

つまり，保護は資産や能力などの活用を前提とし，かつ，扶養義務者の扶養や他法の扶助によって最低限度の生活を維持できないときに行うというものである。ただし，「急迫した事由がある場合に，必要な保護を行うことを妨げるものではない」(第3項) としている。

▍▍▍② 基本原則

1 申請保護の原則 (第7条)

「保護は，要保護者，その他扶養義務者又はその他の同居の親族の申請に基いて開始するもの」としている。つまり，生活に困窮する国民には保護の請求権が保障されているが，この権利の実現を図る前提として，申請に基づいて保護が開始されることを示すものである。

2 基準および程度の原則 (第8条)

「保護は，厚生労働大臣の定める基準により測定した要保護者の需要を基

とし，そのうち，その者の金銭又は物品で満たすことのできない不足分を補う程度において行う」（第１項）としている。また，この「基準は，要保護者の年齢別，性別，世帯構成別，所在地域別その他保護の種類に応じて必要な事情を考慮した最低限度の生活の需要を満たすに十分なものであって，且つ，これをこえないものでなければならない」（第２項）としている。

ここでいう基準額は，年齢別，世帯構成別，所在地域別などにより，扶助ごとに金額で示されており，保護の要否判断基準であると同時に支給の程度を決める尺度ともなる。

3 必要即応の原則（第９条）

「保護は，要保護者の年齢別，性別，健康状態等その個人又はその世帯の実際の必要の相違を考慮して，有効且つ適切に行う」としている。

この条文は，生活保護の機械的運用を戒め，個々の需要に考慮して有効適切に保護することを求めているものである。

4 世帯単位の原則（第10条）

「保護は，世帯を単位としてその要否及び程度を定めるものとする」としている。保護を請求する権利は生活困窮者個人にあるが，その者が要保護者であるか，また，保護の程度については世帯を単位で判定するというものである。ただし，「これによりがたいときは，個人を単位として定めることができる」としている。

③ 保護の種類と内容

生活保護には八つの扶助がある。それらの扶助は，要保護者の必要に応じ，単給（一つの扶助だけの支給）または併給（複数の扶助を支給）として行われる。

(1) 生活扶助

日常生活の需要を満たすに必要な諸費用であり，内容としては，飲食費，被服費，光熱水費，家具什器費等の給付を行う。また，特別な需要を満たす

表4-5　2020（令和2）年10月における最低生活保障水準（月額）の具体的事例

1．3人世帯【33歳，29歳，4歳】　　　　　　　　　　　　　　　　　　　　　　　（単位：円）

		1級地―1	1級地―2	2級地―1	2級地―2	3級地―1	3級地―2
世帯当たり最低生活費		171,760	166,890	162,130	162,130	150,760	147,630
	生活扶助	148,570	143,700	138,940	138,940	132,570	129,440
	児童養育加算	10,190	10,190	10,190	10,190	10,190	10,190
	住宅扶助	13,000	13,000	13,000	13,000	8,000	8,000

注1：第2類は，冬季加算（Ⅵ区×5/12）を含む。以下同じ。
　2：住宅扶助は，住宅費が上記の額を超える場合，地域別に定められた上限額の範囲内でその実費が支給される。
　　　例：1級地―1（東京都区部　69,800円），1級地―2（福山市　44,000円），
　　　　　2級地―1（熊谷市　56,000円），2級地―2（荒尾市　46,000円）
　　　　　3級地―1（柳川市　42,000円），3級地―2（さぬき市　42,000円）
　3：上記の額に加えて，医療費等の実費相当が必要に応じて給付される。以下同じ。
　4：勤労収入のある場合には，収入に応じた額が勤労控除として控除されるため，現実に消費しうる水準としては，生活保護の基準額に控除額を加えた水準となる（就労収入が10万円の場合：23,600円）。

出典：一般社団法人日本ソーシャルワーク教育学校連盟編『＜最新　社会福祉士養成講座4＞貧困に対する支援』p.109，中央法規出版，2021年

ために妊産婦加算，障害者加算，母子加算などがある。

(2) 教育扶助

義務教育に伴って必要な諸費用であり，教科書その他学用品，通学用品，学校給食その他必要なものの給付を行う。

(3) 住宅扶助

家賃や地代および住居の補修，維持のための費用の給付である。

(4) 医療扶助

指定医療機関で受ける医療の諸費用の給付である。本人負担はない。

(5) 介護扶助

介護保険法による要介護者および要支援者に対する訪問介護等の居宅介護，施設介護に伴う諸費用の給付である。本人負担はない。

(6) 出産扶助

出産に必要な費用を給付する。

(7) 生業扶助

自立支援を目的とするものである。事業に必要な設備費，技能習得の費用

（高等学校等就学費など），就職に備えるための最低限の服や身の回り品の購入費などの給付である。

(8) 葬祭扶助

保護を受給している人が死亡した場合や困窮により葬祭ができない場合に給付される。

以上の扶助の方法は，医療扶助と介護扶助が現物給付を原則としているが，その他の扶助は金銭給付となっている。

④ 保護施設

保護施設は，居宅において一定水準の生活を営むことが困難な者を入所させて保護を行う施設である。それぞれの需要に応じ，救護施設（183か所），更生施設（20か所），医療保護施設（56か所），授産施設（15か所），宿所提供施設（14か所）の5種類の施設がある。（　）は2019（令和元）年10月1日現在の設置数である（社会福祉施設等調査）。

救護施設は「身体上又は精神上著しい障害があるために日常生活を営むことが困難な要保護者」を対象とし，更生施設は「身体上又は精神上の理由により養護及び生活指導を必要とする要保護者」を対象としている。医療保護施設，授産施設，宿所提供施設は要保護者に対して「医療の給付」「就労または技能習得の機会の供与」「住宅扶助」を行うものである。

また，2020（令和2）年4月より，単独での居宅生活が困難な被保護者への日常生活上の支援を「日常生活支援居住施設」に委託できることとなった。

⑤ 就労・自立支援

(1) 自立支援プログラム

実施機関である福祉事務所が，個々の被保護者に必要な支援を組織的に実施していくものである。プログラムは次の三つがある。一つ目は経済的自立

支援プログラムであり，内容は生活保護受給者等就労自立促進事業のほか，福祉事務所に雇用された就労支援員が中核を担う被保護者就労支援事業などである。二つ目は日常生活自立支援プログラムであり，内容は健康管理支援，生活習慣改善などである。三つ目は社会生活自立支援プログラムであり，内容は子どもの学習支援・生活支援，ひきこもりへの支援などである。

(2) 就労自立給付金

生活保護を脱却し職業に就いた場合，新たに税や社会保険料等の負担が生じるため，脱却後の生活を支えることを目的とするものである。

(3) 進学準備給付金

生活保護受給世帯の子どもが大学等に進学した際に，新生活の立ち上げ費用として支給するものである。

(4) 健康管理支援事業

被保護者は検診受診率が低いなど指摘がなされている。すべての福祉事務所で実施される必須事業と位置づけられている。

3 保護の実施機関

要保護者に対して保護を決定する権限を有しているのは，知事，市長，福祉事務所を設置する町村長となっている。これらは「保護の実施機関」と呼ばれている。しかし，実際の生活保護に関する事務は福祉事務所に委任されている。この福祉事務所には，所長のほか，査察指導員，現業員，事務職員が置かれている。所長は福祉事務所の業務の能率的運営を任務とし，査察指導員は現業事務の指導監督を行うこととされている。現業員（通常「ケースワーカー」と呼ばれている）は要保護者に直接対応し，保護に必要な調査等を行い，また，保護を受給している者に対して相談，助言をするなど重要な役割を担っている。なお，査察指導員，現業員は社会福祉主事でなければならないとしている。また，民生委員は保護の事務に協力するものとされている。

図 4-7　生活保護の手続き

事前の相談	→	保護の申請	→	保護費の支給

- ・生活保護制度の説明
- ・生活福祉資金，障害者施策等各種の社会保障施策活用の可否の検討

- ・預貯金，保険，不動産等の資産調査
- ・扶養義務者による扶養の可否の調査
- ・年金等の社会保障給付，就労収入等の調査
- ・就労の可能性の調査

- ・最低生活費から収入を引いた額を支給
- ・世帯の実態に応じて，年数回の訪問調査
- ・収入，資産等の届出の受理，定期的な課税台帳との照合などを実施
- ・就労の可能性のある者への就労指導

出典：厚生労働省「第14回社会保障審議会生活保護基準部会」資料 2，2013年

■参考文献
・社会福祉の動向編集委員会編『社会福祉の動向 2021』中央法規出版，2021 年
・一般社団法人日本ソーシャルワーク教育学校連盟『＜最新 社会福祉養成講座 4 ＞貧困に対する支援』中央法規出版，2021 年
・『生活保護手帳 2021 年度版』中央法規出版，2021 年
・生活保護問題対策全国会議編『これがホントの生活保護改革「生活保護法」から「生活保障法」へ』明石書店，2018 年
・大久保秀子『新・社会福祉とは何か 第 3 版』中央法規出版，2018 年

第5章

地域福祉の概観

地域福祉とは

1 地域福祉の考え方

　社会福祉は，国民一人ひとりの幸福を追求することを可能とする暮らしの基盤づくりの営みである。その私たちの暮らしの基盤を地域社会という場において，援助を必要とする個人や家族の自立を図るため，必要なサービスを総合的に提供し保障しようとする活動が地域福祉といわれている。

　大橋謙策は，「地域福祉とは，自立生活が困難な個人や家族が地域において自立生活できるようネットワークをつくり必要なサービスを総合的に提供することであり，そのために必要な物理的，精神的環境醸成を図るために，社会資源の活用，社会福祉制度の確立，福祉教育の展開を総合的に行う活動であり，新しい社会サービスシステムである」と述べ，その構成要件として，①在宅サービスの整備，②在宅サービスと保健・医療・その他関連するサービスを有機的に，総合的に展開できるサービスシステムの構築，③近隣住民の社会福祉への関心と理解を深め，ソーシャルサポートネットワークを展開できる福祉コミュニティづくり，④在宅生活が可能になるような住宅保障，⑤ユニバーサルデザインによる都市環境の整備など生活環境の整備，の五つの要件が求められると提示している。[1]

　2008（平成20）年3月には，厚生労働省から，「地域における「新たな

1　大橋謙策『＜放送大学教材＞地域福祉論』放送大学教育振興会，1997年

支え合い」を求めて―住民と行政の協働による新しい福祉」（これからの地域福祉のあり方に関する研究会報告書・座長：大橋謙策）がまとめられ発表されている。そこでは，図5-1のように住み慣れた地域で生活が継続できるような支援のしくみづくりと，制度の谷間でサービスが得られない人々へのフォーマル・インフォーマルサービスのしくみづくりの強化など，「共助」の確立を目的に「住民と行政の協働による新しい福祉」を目指した地域福祉のこれからの方向が提案された。

　なお，我が国において「地域福祉」という用語は，2000（平成12）年に改正・改称された社会福祉法第1条で「地域における社会福祉」として地域福祉を規定し，さらに，同法第4条で「地域福祉の推進を図る」ことを明記し，初めて法律の中に登場した。

2 地域包括ケアシステムと地域共生社会の実現

① 地域包括ケアシステム

　戦後，我が国の社会福祉は，救貧的福祉サービスから普遍的社会福祉サービスへと変化し，さらに入所型施設福祉サービスから地域という場において福祉サービスが受けられる在宅福祉サービスへと展開してきた。特に高齢者福祉施策からは，2005（平成17）年の介護保険法改正の中に地域包括支援センターが創設され，2011（平成23）年「地域包括支援センター業務マニュアル」の中で地域包括ケアは「地域住民が住み慣れた地域で安心して尊厳のあるその人らしい生活を継続することができるように，介護保険制度による公的サービスのみならず，その他のフォーマルやインフォーマルな多様な社会資源を本人が活用できるように，包括的および継続的に支援すること」と示され，積極的に地域福祉の推進へと提言している。地域包括ケアシステムとは，図5-2のように，ニーズに応じた住宅が提供されることを基本としたうえで，生活上の安全・安心・健康を確保するために，医療や介護のみなら

図5-1 地域における「新たな支え合い」の概念

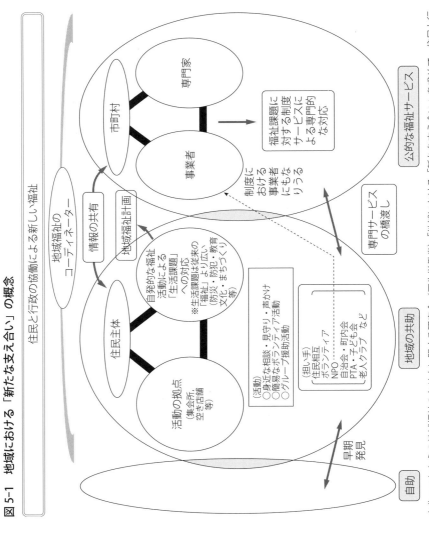

出典：これからの地域福祉のあり方に関する研究会（厚生労働省）「地域における「新たな支え合い」を求めて―住民と行政の協働による新しい福祉」2008年

124

図5-2 地域包括ケアシステム

○団塊の世代が75歳以上となる2025年を目途に、重度な要介護状態となっても住み慣れた地域で自分らしい暮らしを人生の最後まで続けることができるよう、住まい・医療・介護・予防・生活支援が一体的に提供される地域包括ケアシステムの構築を実現していきます。

○今後、認知症高齢者の増加が見込まれることから、認知症高齢者の地域での生活を支えるためにも、地域包括ケアシステムの構築が重要です。

○人口が横ばいで75歳以上人口が急増する大都市部、75歳以上人口の増加は緩やかだが人口は減少する町村部等、高齢化の進展状況には大きな地域差が生じています。

地域包括ケアシステムは、保険者である市町村や都道府県が、地域の自主性や主体性に基づき、地域の特性に応じて作り上げていくことが必要です。

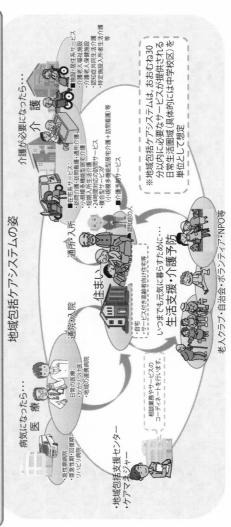

地域包括ケアシステムの姿

病気になったら…

医 療

日常の医療：
・かかりつけ医
・地域の連携病院

急性期病院
亜急性期・回復期
リハビリ病院

通院・入院

介護が必要になったら…

介 護

■在宅系サービス：
・訪問介護・訪問看護・通所介護
・小規模多機能型居宅介護
・短期入所生活介護
・24時間対応の訪問サービス
・複合型サービス
(小規模多機能型居宅介護＋訪問看護)等

■介護予防サービス

通所・入所

■施設・居住系サービス
・介護老人福祉施設
・介護老人保健施設
・認知症共同生活介護
・特定施設入居者生活介護 等

※地域包括ケアシステムは、おおむね30分以内に必要なサービスが提供される日常生活圏域（具体的には中学校区）を単位として想定

認知症の人

住まい

・自宅
・サービス付き高齢者向け住宅 等

いつまでも元気に暮らすために…

生活支援・介護予防

老人クラブ・自治会・ボランティア・NPO等

相談業務やサービスの
コーディネートを行います。

・地域包括支援センター
・ケアマネジャー

資料：厚生労働省

ず，福祉サービスを含めたさまざまな生活支援サービスが日常生活の場（日常生活圏）で適切に提供できるような地域での支援体制である。なお，地域包括支援システムには五つの要素として，①医療，②介護，③予防，④住まい，⑤生活支援が含まれるとしている。

||| ② 地域共生社会の実現

　我が国では，2016（平成28）年6月に閣議決定された「ニッポン一億総活躍プラン」に子ども・高齢者・障害者などすべての人々が地域，暮らし，生きがいを共に創り，高め合うことのできる共生社会の実現が盛り込まれ，厚生労働省では2017（平成29）年2月に「地域共生社会の実現に向けて（当面の改革工程）」（「我が事・丸ごと」地域共生社会実現本部決定）を取りまとめ，「地域課題の解決力の強化」「地域丸ごとのつながりの強化」「地域を基盤とする包括的支援の強化」「専門人材の機能強化・最大活用」の四つの柱を掲げている。

　これを踏まえ2017（平成29）年5月に成立した「地域包括ケアシステムの強化のための介護保険法等の一部を改正する法律」により，2018（平成30）年社会福祉法等の改正が行われ，(1)「我が事・丸ごと」の地域づくり・包括的な支援体制の整備（①支援を必要とする住民（世帯）の地域生活課題について，住民や福祉関係者・機関との連携等による解決が図られることを目指す，②市町村が図5-3のような包括的な支援体制づくりに努める，③地域福祉計画の充実），(2)新たに共生型サービスの位置づけ，等が明記され，2018（平成30）年4月より施行されている。

　さらに，2020（令和2）年6月に成立した「地域共生社会の実現のための社会福祉法等の一部を改正する法律」では，地域共生社会の実現を図り，地域住民の複雑化・複合化した支援ニーズに対応する包括的な福祉サービス提供体制を整備する観点から，(1)包括的な支援体制の整備（①地域福祉の推進，②重層的な支援体制の整備），(2)社会福祉連携推進法人制度の創設，等が明記され，(1)は2021（令和3）年4月から施行されている。

図 5-3　地域における住民主体の課題解決力強化・包括的な相談支援体制のイメージ

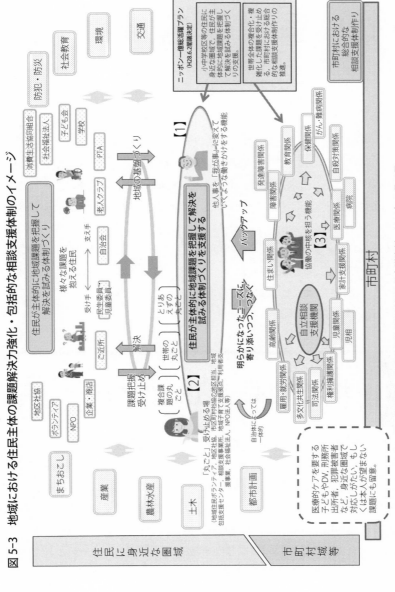

資料：厚生労働省社会・援護局「平成30年度 全国厚生労働関係部局長会議資料」2019年1月18日

地域福祉の推進組織と担い手

地域福祉の推進組織や団体は，行政機関としては，福祉事務所，保健所，児童相談所やその他各種更生相談所，地域包括支援センターなどがある。民間機関・団体としては，社会福祉協議会，共同募金会，福祉施設，各福祉種別活動団体，ボランティア・NPO（Non profit Organization），農業協同組合，生活協同組合などによる助け合い活動，企業や労働組合の福祉活動などがある。担い手としては，民生委員・児童委員，ボランティア，福祉委員（福祉協力員），各種福祉相談員などがある。ここでは，地域包括支援センター，民間の社会福祉協議会，共同募金会，住民自治・ボランティア・NPO，民生委員・児童委員を取り上げる。

1 地域包括支援センター

地域包括支援センターは，2005（平成17）年の介護保険法改正により，公平・中立な立場から，地域における介護予防ケアマネジメントや総合相談，権利擁護などを担う中核機関として創設された。設置運営は，市町村または市町村から委託を受けた法人が主体となり，保健師，社会福祉士，主任介護支援専門員の専門職が配置され，地域包括支援センター運営協議会が設置され運営されている。2011（平成23）年からは，機能強化の一環としてケアマネジメントにおける多職種連携の観点から地域ケア会議の取り組みが推進されている。2020（令和2）年4月末現在で5221か所があり，市町村直

営が2割，社会福祉法人（社会福祉協議会等）への委託が8割となっている。

2 社会福祉協議会

　社会福祉協議会は「地域社会において民間の自主的な福祉活動の中核となり，住民の参加する福祉活動を推進し，保健福祉上の諸問題を地域社会の計画的・共同的努力によって解決しようとする公益性・公共性の高い民間非営利団体で，住民が安心して暮らせる福祉コミュニティづくりと地域福祉の推進を使命とする組織である[2]」。社会福祉法には「地域福祉の推進を図ることを目的とする団体」として位置づけられている。社会福祉協議会は，1951（昭和26）年に民間福祉事業の推進と住民の福祉への参加を図ることを目的に，社会福祉法人として全国，都道府県レベルで誕生し，その後全国の市町村にも設置された。運営は，地域の住民や社会福祉関係者や関連分野の関係者の参加・協力を得て，住民会費や公的補助金，委託事業，福祉事業収入，寄付金などで賄われ，広く地域住民に支えられ公益性と公共性をもつ自主的な民間組織である。

　社会福祉協議会基本要綱を活動の原則として定め，住民の福祉活動の組織化，社会福祉を目的とする事業の連絡調整および事業の企画・実施などを行っている。具体的には住民の福祉活動の場や仲間づくり，ふれあいいきいきサロンづくり，心配ごと相談，福祉総合相談，見守りネットワーク事業，ボランティアセンター事業や在宅福祉サービス（介護保険事業の受託運営）事業などや生活福祉資金貸付事業，要援護者などへの食事サービス，外出支援サービス，日常生活自立支援事業，生活困窮者自立支援，権利擁護事業，その他日常生活支援活動ならびに地域福祉活動計画事業などに取り組んでいる。

2　『新・社会福祉学習双書』編集委員会編『＜新・社会福祉学習双書2000 20＞社会福祉協議会活動論 改訂版』全国社会福祉協議会，p.2，1998年

3 共同募金会

　共同募金は，社会福祉法で「都道府県の区域を単位として，毎年1回，厚生労働大臣の定める期間内に限ってあまねく行う寄附金の募集であって，その区域内における地域福祉の推進を図るため，その寄附金をその区域内において社会福祉事業，更生保護事業その他の社会福祉を目的とする事業を経営する者（国及び地方公共団体を除く）に配分することを目的とするものをいう」（社会福祉法第112条）と規定されている。

　これは民間福祉活動を財源面で支援するという民間の募金活動であり，住民の福祉活動への参加を推進するという住民福祉教育的な役割をも有し，法律を実施根拠とする公益性・公共性の高い運動である。なお，この共同募金事業を行うことを目的に社会福祉法人として中央共同募金会と都道府県共同募金会が設置され，都道府県社会福祉協議会の意見を聴き，および配分委員会の承認を得て，共同募金の目標額や受配者の範囲および配分の方法を定め，公示により寄附金を募集する計画募金である。

　募金方法は，街頭募金，戸別募金，学校募金，職域募金，興行募金，テーマ募金などで行われ，募集期間は厚生労働大臣が告示し，毎年10月1日から翌年3月31日までの間，「赤い羽根共同募金運動」として実施されている。10月からの募金は一般募金として行われ，12月は歳末たすけあい募金（地域歳末たすけあい・NHK歳末たすけあい）として実施されている。

4 住民自治・ボランティア・NPO

　地域福祉を支えるもう一つの担い手として，住民自治・ボランティア・NPO（特定非営利活動団体）の活動がある。21世紀は市民社会の時代といわれ，市民参加・住民参加の活動は多様性をもって「公益性」の高い活動や

広がりをみせてきている。従来から市民のボランティア活動は社会福祉協議会やボランティア推進機関などにより開発・普及されてきた。近年では，市民の環境課題や福祉課題の問題解決運動型や自己発見・自己探求のために市民の暮らしを細かく支えることにかかわるボランティアも多くなってきた。全国で771万6684人（2020（令和2）年4月　全国社会福祉協議会調べ）が私たちの暮らしの中でボランティア活動をしている。

　また，市民の主体的な参加によるしくみや組織づくりなど新たな住民自治活動として地域の中で生活支援型の在宅福祉サービスも年々増加してきている。一方，営利を目的としない目的集団型ボランティア組織団体として，NPO法人（特定非営利活動法人）が全国で5万895団体（2021（令和3）年3月）にまで増加し，有料ならびに無償で公的制度サービスの隙間を埋めながら地域の新たな福祉サービスを開発し市民生活を支える活動を担っている。

5　民生委員・児童委員

　民生委員は，1948（昭和23）年に制定された民生委員法により「社会奉仕の精神をもって，常に住民の立場に立って相談に応じ，及び必要な援助を行い，もって社会福祉の増進に努めるものとする」（第1条）と任務が規定され，市町村に配置された民間奉仕者である。都道府県知事の推薦により厚生労働大臣から委嘱された非常勤特別職であり，任期は3年である。また，児童福祉法により児童委員を兼ねている。1994（平成6）年からは，地域の児童問題を専任で担当する主任児童委員が新たに設置されている。2019（令和元）年度末現在，民生委員・児童委員の定数は23万9467人（主任児童委員2万1974人含む）であり，実数は22万9071人（主任児童委員2万1266人）である。組織は各都道府県知事が市町村長の意見をきいて定める区域ごとに民生委員協議会が設置され，組織的にも地域福祉活動を支えている。

民生委員の職務内容は，以下のとおりである。

① 住民の生活状態を必要に応じ適切に把握しておくこと

② 援助を必要とする者がその有する能力に応じ自立した日常生活を営むことができるように生活に関する相談に応じ，助言その他の援助を行うこと

③ 援助を必要とする者が福祉サービスを適切に利用するために必要な情報の提供その他の援助を行うこと

④ 社会福祉を目的とする事業を経営する者または社会福祉に関する活動を行う者と密接に連携し，その事業または活動を支援すること

⑤ 社会福祉法に定める福祉に関する事務所（福祉事務所）その他の関係行政機関の業務に協力すること

また，①〜⑤の職務を行うほか，必要に応じて，住民の福祉の増進を図るための活動を行うことが，民生委員法第14条で規定されている。福祉事務所など関係行政機関の生活保護，身体障害者福祉，高齢者福祉，知的障害者福祉，児童福祉，母子・父子および寡婦福祉，婦人保護，などの事務に対して協力することのほか，災害時，一人も見逃さない運動などの自主的活動を積極的に展開するなど，地域福祉の増進にきわめて広範な活動を行っている。

この民生委員・児童委員は，自身が人格識見高く，広く社会に通じ，社会福祉の増進に熱意のある者であり無給の民間奉仕者である。世界的にも例をみない，民間の地域における制度的ボランティアとして地域福祉活動を支えている。

■参考文献
・厚生労働統計協会編『国民の福祉と介護の動向 2021/2022』2021 年

地域福祉計画と
地域福祉推進の財源

1 地域福祉計画

　地域福祉計画とは，個人や家族の福祉課題を地域という場において住民の主体的参加に基づき，問題解決を図っていくための施策方法を総合的かつ計画的に推進していくための手法である。それは地域の福祉課題や生活問題などの福祉ニーズの把握から課題を明確化し，フォーマルケアとインフォーマルケアを総合化して福祉サービスの充足を図っていくための計画化とその実践と評価である。

　地域福祉計画は，1970年代頃からコミュニティワーク理論を導入した社会福祉協議会において，地域福祉問題の解決手法として発展させてきたものである。それは，住民参加を基本とする公私協働の「活動・行動計画」としての地域福祉活動計画であり，全国の市町村社会福祉協議会で策定が推進された。一方，地方自治体において地域福祉を計画的に進めようとする行政計画としての「地域福祉計画」の取り組みがある。それは1976（昭和51）年の「こうべ市民の福祉計画」，1983（昭和58）年大阪府の「地域福祉計画（ファインプラン）」，1986（昭和61）年神奈川県による「かながわ福祉プラン」，1991（平成3）年東京都の「地域福祉推進計画」などがある。一方，2004（平成16）年島根県松江市による行政計画と地域福祉活動計画を一体化させた「まつえ福祉未来21プラン」の地域福祉計画がある。

　2000（平成12）年に施行された社会福祉法の中には「地域福祉の総合的

な推進」が位置づけられ、2003（平成15）年4月から「市町村地域福祉計画」
および「都道府県地域福祉支援計画」策定の推進が具体的に取り組まれるよ
うになっている。

2 地域福祉推進の財源

　地域福祉を推進するための財源は、公的財源である補助金（在宅福祉サー
ビスなどへの支出）、委託費と民間活動の財源としての社会福祉基金（地域
福祉基金、ボランティア基金など）・共同募金、公営競技益金の配分、民間
団体からの助成金や寄付金、クラウドファンディング（目的型資金調達募
金）、会費、サービス利用料などがある。この中で共同募金の配分金は前述
したように、法律を根拠として地域福祉を推進していくうえで有力な民間財
源である。地域福祉基金は、高齢化の進展に対応して在宅福祉の向上、健康・
生きがいづくり推進など、民間福祉活動の活性化を目的として、地方交付税
の運用により預金利子を民間団体に助成するものである。ボランティア基金
は、一般企業の出資や公費補助金を原資に、その運用経費を在宅福祉サービ
スやボランティア活動を目的とする民間団体へ助成するものであり、自治体
により創意工夫されたかたちで運用されている。公営競技益金は、競輪、競
馬、モーターボート、オートレース競走の収益金の一部を「公益を目的とす
る」事業に補助するものである。

地域福祉の実際

N市の「全国"まちの保健室"フォーラム 2016」によれば，2004（平成16）年度に策定した「第一次地域福祉計画」では地域福祉の基盤整備として「人づくり」「地域づくり」の視点で取り組み，その事業の一つとして「まちの保健室」を計画した[3]。

「まちの保健室」は，市内 15 地区（学区等）の公民館や市民センター等に併設され，そこには介護福祉士や看護師などの有資格者（専門職）が 2 ～ 3 人常駐している。

主な業務内容は，地域住民の保健福祉に関する相談などの初期相談をはじめ，自治会・民生委員協議会の定例会参加，高齢者・子どもサロンの運営協力などを担い，N市地域包括支援センターの地域の窓口として位置づけられている[4]。

事例

【N市K地区の「まちの保健室」】

K地区担当の民生委員から，「近所のAさんと話していたら，Aさんから『最近一人暮らしをしているSさんの姿を見ない』って聞いて先日自宅訪問したの。そしたら，家の中もぐちゃぐちゃで，Sさんの話だと最近持病の腰痛がひどくなって動けなくなっている，入浴も前に足を滑らせてしまって大事には至らなかったけど，その日以降怖くてお風呂も入れないって言うの。一度，Sさんの家に行ってもらえないかしら」と，「まちの保健室」に連絡が入った。

3　田中明子「地域住民による支え合いのしくみづくり―名張市の取り組み」全国"まちの保健室"フォーラム 2016

4　北森祥子「地域住民による支え合いの仕組みづくり 名張市の取り組み―まちの保健室の整備・運営」三重県庁

通常であれば,「まちの保健室」職員がSさん宅を訪問し現状確認等を行うが,民生委員の話の内容からSさんの生活状況が深刻であると推察したため,すぐにN市地域包括支援センターに相談報告を行う。

　その結果,N市地域包括支援センターの保健師2名が自宅訪問をして現状確認および相談業務等を行う話になった。

　後日,Sさんの自宅訪問を行った保健師から,「Sさんの自宅は散らかっており,また数日も入浴できていないため,体臭もひどかった。しかし,本人の希望もありしばらくは在宅を考えている。そのため,今回の自宅訪問では訪問介護を活用するために介護保険制度の説明および手続きを行っている。

『まちの保健室』では,しばらく自宅訪問などの見守り活動を続けてほしい」と,「まちの保健室」に報告指示が入る。

　報告指示を受けた「まちの保健室」職員は,定期的にSさんの自宅訪問,また必要に応じてN市地域包括支援センターの保健師に報告を行い,Sさんの生活支援に努めた。

　本事例の注目したいポイントは,①地域住民Aさんが近隣住民(Sさん)の様子の変化に気づいたこと,②Aさんから民生委員への情報提供ができたこと,③民生委員から専門機関(専門職)につないだこと,④継続してSさんの見守り支援活動が強化されたこと,の4点である。

　ポイント①:地域性なども関係すると考えるが,Aさんが近隣住民の生活について気にとめない,また気づいていたとしても,関心を寄せていなければそのまま動かずに見過ごすこともあるだろう。しかし,今回の事例ではAさんは日常生活の中のSさんの様子の変化に気づいたことで地域社会に埋もれていたSさんの生活問題を明らかにしたのである。

　ポイント②:ある調査報告では,地域住民に対する担当民生委員の周知徹底が課題として指摘されている。今回の事例ではAさんが担当民生委員を認識していたことで的確に地域住民から民生委員に情報提供が図られ,専門機関・専門職につながった。このことから地域住民一人ひとりが,自分の地

区の担当民生委員を認識しておくことが，専門機関・専門職につながることの入り口になっているといえる。

　ポイント③：まちの保健室では，定期的に民生委員協議会や自治会などに参加し専門職や機関と地域住民の情報を共有してきた。定例会等に参加することによりお互いに「顔の見える関係」づくりにつながり，今回の事例のように小さな気づきが専門機関（専門職）の連携へと展開することを可能にした。つまり有機的ネットワークは一朝一夕ではなく，このような日常生活の中で培われたネットワークにより有事の際に発揮されると考える。

　ポイント④：今回の事例のように生活課題・問題を抱えている住民（Ｓさん）が，できる限り安心して地域で在宅生活を継続するためには，保健師等による専門的な援助が開始した後も，引き続いて「見守り」のような柔軟な福祉サービスの提供を強化することが重要である。それは利用している福祉サービスによりＳさんの生活が安定しているか否かについての経過観察も含め，Ｓさんの日常生活の小さな変化を早期発見・対応へと結びつけることを実現するためである。

　以上４点のポイントを踏まえ，地域福祉とは体制が整っているからといって，その効果が保障されるものではないことがいえる。地域住民一人ひとりがお互いに見守る意識をもち，その小さな生活の異変に気づく力（地域住民を対象にした福祉教育の必要性）をもつことや，地域福祉に関連する機関等の役割や機能を認識したうえでの有機的なネットワークを形成・維持していたからこそ，個別支援につながった地域福祉実践事例である。

第6章

社会福祉従事者と専門職倫理

第1節

社会福祉の担い手

1 社会福祉従事者の定義

　一般に，社会福祉の現場において一人ひとりの幸せの実現に向けて社会福祉援助活動を担っている人々を福祉マンパワーといい，それは専門的・非専門的な人々によって支えられている。

　日開野博は，中野いく子の福祉マンパワーの分類をもとに，社会福祉の担い手を大きく，①法令に基づき，専門職員として従事している福祉従事者，②民生委員・里親などのように無給で行政サービスに協力している非専門的な人々，③ボランティア・家族・地域住民の自然かつ自発的な人々，④自発的で組織的機能をもち，有償でサービスを行っている人々やシルバーサービス企業団体の専従職員の四つに分類している。[1] そして，①を専門的マンパワー（社会福祉従事者），②を非専門的マンパワーとしている。

2 社会福祉従事者の職種

　福祉ニーズの多様化・複雑化に伴い，社会福祉従事者は社会福祉施設をは

1　日開野博「社会福祉の担い手と専門職制度」杉本敏夫・住友雄資編『改訂 新しいソーシャルワーク―社会福祉援助活動入門』中央法規出版, pp.19 〜 20, 2006 年

じめ，行政機関，社会福祉協議会などで働いており，職種も多岐にわたっている。社会福祉従事者の主な職種をあげると，以下のとおりである。

❶ 社会福祉施設の職員

施設長，生活相談員，児童指導員，児童自立支援専門員，介護職員，保育士，児童生活支援員，職業指導員，心理判定員，職能判定員，医師，保健師，助産師，看護師，理学療法士，作業療法士，栄養士，調理員，事務職員など

❷ 訪問介護員（ホームヘルパー）

❸ 福祉事務所の職員

所長，査察指導員，身体障害者福祉司，知的障害者福祉司，老人福祉指導主事，家庭児童福祉主事，現業員，面接相談員，家庭相談員，嘱託医，事務職員など

❹ 児童相談所，身体障害者更生相談所，婦人相談所，知的障害者更生相談所の職員

所長，児童福祉司，身体障害者福祉司，知的障害者福祉司，相談員，児童心理司（心理判定員），職能判定員，児童指導員，保育士，ケースワーカー，医師，保健師，看護師，事務職員など

❺ 各種相談員

身体障害者相談員，婦人相談員，知的障害者相談員，母子・父子自立支援員

❻ 社会福祉協議会の職員

コミュニティソーシャルワーカー（企画指導員（全国），福祉活動指導員（都道府県・指定都市），福祉活動専門員（市町村））など

❼ その他

医療機関における相談員（医療ソーシャルワーカー等），学校におけるスクールソーシャルワーカー，刑務所における福祉専門官，福祉関係施設における公認心理師など

■参考文献
・鬼﨑信好・本郷秀和編『コメディカルのための社会福祉概論 第4版』講談社，2018年

社会福祉専門職の
資格制度

1 社会福祉士・介護福祉士
の概要

　社会福祉士・介護福祉士は，本格的な社会福祉専門職の国家資格が必要とされたことを背景に，1987（昭和62）年5月に「社会福祉士及び介護福祉士法」が成立し，翌年4月に施行されたことにより誕生した国家資格である。

　2021（令和3）年10月末現在，社会福祉士登録者は26万542人，介護福祉士登録者は181万3282人であり，その数は年々増加している。

① 社会福祉士・介護福祉士の定義

1 社会福祉士（社会福祉士及び介護福祉士法第2条第1項）

　社会福祉士とは，登録を受け，社会福祉士の名称を用いて，専門的知識および技術をもって，身体上もしくは精神上の障害があることまたは環境上の理由により日常生活を営むのに支障がある者の福祉に関する相談に応じ，助言，指導，福祉サービスを提供する者または医師その他の保健医療サービスを提供する者その他の関係者（福祉サービス関係者等）との連絡および調整その他の援助を行うこと（相談援助）を業とする者をいう。

2 介護福祉士 （第2条第2項）

　介護福祉士とは，登録を受け，介護福祉士の名称を用いて，専門的知識および技術をもって，身体上または精神上の障害があることにより日常生活を営むのに支障がある者につき心身の状況に応じた介護（喀痰吸引その他のその者が日常生活を営むのに必要な行為であって，医師の指示の下に行われるものを含む）を行い，ならびにその者およびその介護者に対して介護に関する指導を行うこと（介護等）を業とする者をいう。

　社会福祉士・介護福祉士ともに，社会福祉施設や行政機関，医療機関，社会福祉協議会などで働いており，活躍する場も広がりをみせるとともに，ますます活躍が期待されている。

⑫ 社会福祉士・介護福祉士の義務等

1 誠実義務 （第44条の2）

　社会福祉士および介護福祉士は，その担当する者が個人の尊厳を保持し，自立した日常生活を営むことができるよう，常にその者の立場に立って，誠実にその業務を行わなければならない。

2 信用失墜行為の禁止 （第45条）

　社会福祉士または介護福祉士は，社会福祉士または介護福祉士の信用を傷つけるような行為をしてはならない。

3 秘密保持義務 （第46条）

　社会福祉士または介護福祉士は，正当な理由がなく，その業務に関して知り得た人の秘密を漏らしてはならない。社会福祉士または介護福祉士でなくなった後においても，同様とする。

4 連携（第47条）

社会福祉士は，その業務を行うに当たっては，その担当する者に，福祉サービスおよびこれに関連する保健医療サービスその他のサービス（福祉サービス等）が総合的かつ適切に提供されるよう，地域に即した創意と工夫を行いつつ，福祉サービス関係者等との連携を保たなければならない。

介護福祉士は，その業務を行うに当たっては，その担当する者に，認知症であること等の心身の状況その他の状況に応じて，福祉サービス等が総合的かつ適切に提供されるよう，福祉サービス関係者等との連携を保たなければならない。

5 資質向上の責務（第47条の2）

社会福祉士または介護福祉士は，社会福祉および介護を取り巻く環境の変化による業務の内容の変化に適応するため，相談援助または介護等に関する知識および技能の向上に努めなければならない。

6 名称の使用制限（第48条）

社会福祉士でない者は，社会福祉士という名称を使用してはならない。

介護福祉士でない者は，介護福祉士という名称を使用してはならない。

このうち，「名称の使用制限」にあるように，両資格とも医師や弁護士などの業務独占資格とは異なり，名称独占資格である[2]。そのため，資格をもたない者が社会福祉士，介護福祉士という名称を使用することを禁じている。

なお，両資格とも罰則規定を設けており（第50条から第56条），例えば「秘密保持義務」の規定に違反した者は，1年以下の懲役または30万円以下の罰金に処せられる（第50条）。

2　業務独占資格とは，特定の業務について有資格者のみがその業務を独占して行うことができるものであり，名称独占資格とは有資格者のみがその名称を使用することができるというものである。

2 精神保健福祉士の概要

精神保健福祉士は，精神障害者の社会復帰を促進するための相談・援助を担う専門職の必要性から，1997（平成9）年12月に精神保健福祉士法が成立したことに伴い誕生した精神保健福祉領域のソーシャルワーカーの国家資格である。

2021（令和3）年10月末現在，精神保健福祉士として9万4729人が登録されている。

① 精神保健福祉士の定義（精神保健福祉士法第2条）

精神保健福祉士は，登録を受け，精神保健福祉士の名称を用いて，精神障害者の保健および福祉に関する専門的知識および技術をもって，精神科病院その他の医療施設において精神障害の医療を受け，または精神障害者の社会復帰の促進を図ることを目的とする施設を利用している者の地域相談支援（障害者の日常生活及び社会生活を総合的に支援するための法律に規定する地域相談支援）の利用に関する相談その他の社会復帰に関する相談に応じ，助言，指導，日常生活への適応のために必要な訓練その他の援助を行うこと（相談援助）を業とする者をいう。

精神保健福祉士は，精神科病院などの医療機関や障害福祉サービス事業所，精神保健福祉センターなどで働いている。

② 精神保健福祉士の義務等

精神保健福祉士の義務等については，社会福祉士・介護福祉士と同様に定められている。

3 保育士の概要

　保育士は，1948（昭和23）年3月の児童福祉法施行令において，保母資格として誕生し，児童福祉施設の任用資格であった。1977（昭和52）年3月の児童福祉法施行令の改正により男性にも準用され，1999（平成11）年4月より「保母」から「保育士」に名称変更された。

　その後，2003（平成15）年11月より法定化され，保育士資格は児童福祉施設の任用資格から名称独占の国家資格として位置づけられた。

　2020（令和2）年4月現在，166万5549人が登録されている。

① 保育士の定義（児童福祉法第18条の4）

　保育士とは，登録を受け，保育士の名称を用いて，専門的知識および技術をもって，児童の保育および児童の保護者に対する保育に関する指導を行うことを業とする者をいう。

　保育士は，保育所をはじめ，児童養護施設や乳児院，障害児入所施設などの児童福祉施設などで働いている。また，保育士は子どもの日常生活にかかわるだけでなく，保護者とのかかわり（保護者に対する支援）や地域の子育て支援も求められている。

② 保育士の義務等

　「信用失墜行為の禁止」（第18条の21），「秘密保持義務」（第18条の22），「名称の使用制限」（第18条の23）などが保育士の義務等として規定されている。

4 その他の資格の概要

① 社会福祉主事 （社会福祉法第18条，第19条）

　社会福祉主事は，福祉事務所などの社会福祉行政機関で生活保護法などの福祉六法にかかわる職務（事務）に任用される者に必要となる資格であり，社会福祉主事任用資格ともいわれる。

　また，社会福祉主事は，社会福祉分野の基礎的な資格として位置づけられ，特別養護老人ホームの施設長や生活相談員等になるための要件にも準用されている。

② 介護支援専門員 （介護保険法第7条第5項）

　介護支援専門員は，居宅介護支援事業所や介護保険施設に必置とされており，ケアマネジャーとも呼ばれている。

　介護支援専門員は，要介護者または要支援者（以下，「要介護者等」という）からの相談に応じたり，要介護者等が心身の状況等に応じた適切な居宅サービスや施設サービスなどを利用できるように介護サービス計画（ケアプラン）を作成したり，市町村や居宅サービス事業者，介護保険施設などとの連絡調整等を行う者で，要介護者等が自立した日常生活を営むのに必要な援助に関する専門的知識および技術を有するものとして介護支援専門員証の交付を受けた者である。

　介護支援専門員になるためには，「介護支援専門員実務研修受講試験」に合格した後，「介護支援専門員実務研修」を受講・修了し，登録しなければならない。介護支援専門員実務研修受講試験の受験資格は，医師，看護師，社会福祉士，介護福祉士など，保健・医療・福祉分野における実務経験が5年以上である者などとされている。

　なお，2005（平成17）年の介護保険法の改正により，2006（平成18）

年からは有効期限が５年となり，更新研修が義務化された。また，主任介護支援専門員が創設され，地域包括支援センターへの配置が義務づけられた。

■参考文献
・一般社団法人日本ソーシャルワーク教育学校連盟編『＜最新 社会福祉士養成講座 精神保健福祉士養成講座 11 ＞ソーシャルワークの基盤と専門職［共通・社会専門］』中央法規出版，2021年
・岩崎晋也・白澤政和・和気純子監，空閑浩人・白澤政和・和気純子編著『＜新・MINERVA 社会福祉士養成テキストブック４＞ソーシャルワークの基盤と専門職』ミネルヴァ書房，2021 年

社会福祉専門職の専門性と専門職倫理

1 社会福祉専門職の専門性

　社会福祉専門職とは，社会福祉の専門教育を受け，高度な専門的知識や技術，価値・倫理をもった専門職である。社会福祉専門職が専門職として成長・発展し続けるためには，専門職としての力量を磨き，専門性を高めていくこと，専門性の向上のために不断の努力を続けることが欠かせない。

　川村隆彦は，ソーシャルワーカーの専門性として，専門職の専門性を大地に固く立っている木にたとえ，①専門職の価値と倫理（根の部分），②専門知識（幹の部分），③専門技術（枝葉や実の部分）の三つの要素をあげている[3]。

　以下，社会福祉専門職の専門性を❶専門知識，❷専門技術，❸専門職の価値・倫理に整理し，説明する。

❶ 専門知識

　専門知識とは，社会福祉の法律や制度，政策など社会福祉に関する全般的な知識，利用者に関する知識，社会や地域，人間の発達や行動，心理についての知識などである。

❷ 専門技術

　専門技術は，専門知識に裏付けられたものであり，さまざまなニーズをもつ利用者に対するソーシャルワークやケアワークなどの援助技術である。

3　川村隆彦『事例と演習を通して学ぶソーシャルワーク』中央法規出版，p.19，2003年

❸ 専門職の価値・倫理

専門職の価値とは，社会福祉専門職がもつ信念や願い，目標であり，理想像である。また，それは人間観や社会観を集約したものであり，人権尊重や社会正義，尊厳の保持，エンパワメント，ソーシャル・インクルージョンなどがあげられる。そして，専門職の価値に基づき，価値を実現するための具体的な行動の指針や規範を専門職の倫理という。

社会福祉専門職の専門性のうち，専門職の価値・倫理は特に重要な役割をもつ。なぜなら，社会福祉専門職の専門性を支える土台として価値と倫理があり，その上に専門知識と専門技術が成り立っているからである。

価値や倫理は，一見すると見えにくいものではあるが，社会福祉専門職の行動の指針となるものであり，非常に重要である。そのため，根（専門職の価値と倫理）がしっかりしていないと幹（専門知識）や枝葉や実（専門技術）も崩れてしまうことになり，支援が間違った方向に進んでいくことにもなりかねない（図6-1）。

図6-1　専門性を構成する三つの要素

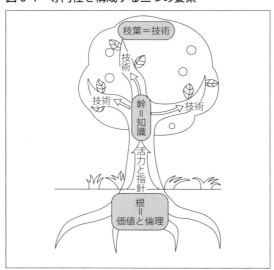

出典：川村隆彦『事例と演習を通して学ぶソーシャルワーク』
　　　中央法規出版，p.19，2003年

社会福祉専門職は，利用者の生活や人生を支える専門職であり，利用者の個人情報を知り得る立場にあり，個人情報を私的に利用するなど，利用者の権利を侵害する危険性をはらんでいる。また，利用者は社会福祉専門職よりも弱い立場になりやすく，かつ被害や不利益，影響を受けやすい立場にある。さらに，利用者と社会福祉専門職の間には力関係（不平等性）が存在していることも否定できない。

　これらのことから，社会福祉専門職が利用者のニーズを適切に理解し，対応するためには専門性が必要不可欠であり，行動の指針となる専門職の価値と倫理をしっかりと身につけておくことが重要である。

　また，社会福祉専門職は，自己覚知[4]に努めるとともに，専門職として常に自己の感情や言動をコントロールすることが求められる。それゆえ，社会福祉専門職は，自身がもっている価値観や姿勢・態度などを意識しておくことや各種研修等への参加を通じて常に専門職としての自己研鑽に努め，専門性を向上していくことが重要である。

　以上のことを踏まえたうえで，次項で社会福祉専門職の倫理（専門職倫理）について取り上げる。

2 社会福祉専門職の倫理（専門職倫理）

　社会福祉専門職の倫理（専門職倫理）とは，専門職としての行動規範と責務，専門職に必要な基本的姿勢・態度，専門職としての基準・水準を示したものさし（拠り所）である。そして，社会福祉専門職の倫理をもとに，専門職として遵守すべき事柄や基準などを具体化・明文化したものを倫理綱領（りんりこうりょう）という。

　久保美紀によれば，倫理綱領とは，「専門職として遵守すべき基準を価値

4　自己覚知とは，社会福祉専門職が自己の性格や価値観，感情，思考や行動の傾向などについて多面的に理解しておくことをいう。

や目指すべき自画像として示したもの」であり，「具体的には，ワーカーの望ましい価値態度や従うべき行動規範・義務を明文化したもの」である[5]。

　また，倫理綱領は，利用者や社会に対して当該専門職の役割や機能，責務などを明示し，社会福祉専門職のあるべき基本的姿勢と判断や行動のための指針を示すものであり，「専門職の能力，役割，責任あるいは地位を明らかにし，行動基準を導くとともに，それに準拠しないものに対して規制，統制するという機能を果たす[6]」役割をもっている。

　日本では，「ソーシャルワーカーの倫理綱領」や「日本介護福祉士会倫理綱領」（表6-1）などがある。倫理綱領は専門職団体ごとにつくられ，独自性があるが，利用者の尊厳や人権を尊重し，権利を擁護する（アドボカシー）とともに，説明責任（アカウンタビリティ）や社会的責任を果たすことが求められている。

　また，倫理綱領では，ほかの専門職と積極的に連携・協働し，より質の高い専門的サービスを提供すること，専門的力量を高め，専門性の向上を図ること，常に自己研鑽や自己点検，後継者の育成に努めていくことが求められている。

　社会福祉専門職に求められるものは時代や社会とともに変わるものもあれば，社会福祉専門職として変わらないもの，変えてはならないものもある。それゆえ，社会福祉専門職は両者を大切にしながら利用者に寄り添い，共に歩き，社会福祉専門職としての「あるべき姿」を問い続けていくことも重要である。

5　久保美紀「倫理綱領」山縣文治・柏女霊峰編『社会福祉用語辞典 第9版』ミネルヴァ書房，p.385, 2013年
6　山縣文治「社会福祉の倫理」山縣文治・柏女霊峰編『社会福祉用語辞典 第9版』ミネルヴァ書房，p.170, 2013年

表 6-1　日本介護福祉士会倫理綱領（1995（平成 7）年11月17日宣言）

前文
　私たち介護福祉士は，介護福祉ニーズを有するすべての人々が，住み慣れた地域において安心して老いることができ，そして暮らし続けていくことのできる社会の実現を願っています。
　そのため，私たち日本介護福祉士会は，一人ひとりの心豊かな暮らしを支える介護福祉の専門職として，ここに倫理綱領を定め，自らの専門的知識・技術及び倫理的自覚をもって最善の介護福祉サービスの提供に努めます。

（利用者本位，自立支援）
1　介護福祉士は，すべての人々の基本的人権を擁護し，一人ひとりの住民が心豊かな暮らしと老後が送れるよう利用者本位の立場から自己決定を最大限尊重し，自立に向けた介護福祉サービスを提供していきます。
（専門的サービスの提供）
2　介護福祉士は，常に専門的知識・技術の研鑽に励むとともに，豊かな感性と的確な判断力を培い，深い洞察力をもって専門的サービスの提供に努めます。
　　また，介護福祉士は，介護福祉サービスの質的向上に努め，自己の実施した介護福祉サービスについては，常に専門職としての責任を負います。
（プライバシーの保護）
3　介護福祉士は，プライバシーを保護するため，職務上知り得た個人の情報を守ります。
（総合的サービスの提供と積極的な連携，協力）
4　介護福祉士は，利用者に最適なサービスを総合的に提供していくため，福祉，医療，保健その他関連する業務に従事する者と積極的な連携を図り，協力して行動します。
（利用者ニーズの代弁）
5　介護福祉士は，暮らしを支える視点から利用者の真のニーズを受けとめ，それを代弁していくことも重要な役割であると確認したうえで，考え，行動します。
（地域福祉の推進）
6　介護福祉士は，地域において生じる介護問題を解決していくために，専門職として常に積極的な態度で住民と接し，介護問題に対する深い理解が得られるよう努めるとともに，その介護力の強化に協力していきます。
（後継者の育成）
7　介護福祉士は，すべての人々が将来にわたり安心して質の高い介護を受ける権利を享受できるよう，介護福祉士に関する教育水準の向上と後継者の育成に力を注ぎます。

■参考文献
・秋山智久『社会福祉専門職の研究』ミネルヴァ書房，2007 年
・芝野松次郎・新川泰弘・山縣文治編著『社会福祉入門』ミネルヴァ書房，2021 年

第1節 ソーシャルワークとは何か

1 ソーシャルワークの定義

　ソーシャルワークとは，その専門的教育を受けた専門職（援助者）が援助観等の理念を踏まえたうえで，生活課題・問題を抱えている人（利用者・クライエント）に対して，相談援助等の社会福祉援助技術を実践し，社会資源と個人を結びつけ，また，ときには社会資源をつくり出す援助活動といえる[1]（図7-1）。

　援助者として社会福祉の基本理念やソーシャルワークの原理・原則等を踏まえた「援助観」「援助の目標」の視点を背景にして，本質的な問題点を見きわめ，そしてそれに適応する社会資源を結びつけられるように情報提供や説明を行い，生活課題・問題を抱えている人の自立を支援していくことが重要である。

　ソーシャルワークの定義は時代や社会環境とともに変化しており，現在では2014年7月の国際ソーシャルワーク連盟（IFSW）と国際ソーシャルワーク学校連盟（IASSW）の総会・合同会議で，ソーシャルワーク専門職のグローバル定義を採択している[2]。

1　山縣文治の子ども家庭福祉サービスの基本的枠組みを援用し，ソーシャルワークを説明する。山縣文治「I　子ども家庭福祉という考え方」山縣文治編『よくわかる子ども家庭福祉 第9版』ミネルヴァ書房，p.5，2014年

図 7-1　ソーシャルワークの概略図

出典：山縣文治「Ⅰ　子ども家庭福祉という考え方」山縣文治編『よくわかる子ども家庭福祉 第9版』ミネルヴァ書房，p.5，2014年を一部改変

ソーシャルワーク専門職のグローバル定義

　ソーシャルワークは，社会変革と社会開発，社会的結束，および人々のエンパワメントと解放を促進する，実践に基づいた専門職であり学問である。社会正義，人権，集団的責任，および多様性尊重の諸原理は，ソーシャルワークの中核をなす。ソーシャルワークの理論，社会科学，人文学，および地域・民族固有の知を基盤として，<u>ソーシャルワークは，生活課題に取り組みウェルビーイングを高めるよう，人々やさまざまな構造に働きかける。</u>

　この定義は，各国および世界の各地域で展開してもよい。

※下線は筆者が追記

　このグローバル定義を踏まえて，福島喜代子はソーシャルワーク専門職について「基盤となる諸原理をよりどころに，多元的にはたらきかけを行う。つまり一つのはたらきかけで，すべてを変えようとするのではなく，複数のはたらきかけの組み合わせによって，結果的に，個人も社会もよりよい方向へ変えていこうとする[3]」と概念づけている。

2　このグローバル定義は，日本で日本社会福祉教育学校連盟と社会福祉専門職団体協議会による共同日本語訳として示されている。その定義には，「ソーシャルワークは，生活課題に取り組みウェルビーイングを高めるよう，人々やさまざまな構造に働きかける」と明記しており，あらゆる側面に対してはたらきかけることをソーシャルワークの特徴として意味づけているといえる。

それはソーシャルワークの要素に「人と環境の相互に影響し合う」視点を含めており，個人のみではなく環境に対してもはたらきかけることを意味するものである。すなわち，ソーシャルワークとは，人間の福利（ウェルビーイング）を高められるように，個人，家族，地域社会それぞれの側面に対してはたらきかける社会福祉分野の援助技術の総称といえる。

2 ソーシャルワークの技術（ミクロ・メゾ・マクロ）

　ソーシャルワーク実践について，渡部律子はミクロ・メゾ・マクロレベルで整理している[4]。渡部の整理から，ソーシャルワーク実践とは個人に対して直接的なはたらきかけも含め，ミクロ・メゾ・マクロレベルのかかわり方が求められているといえる（図7-2）。

　そして，これらの各レベルにおける対象や手法によって，ソーシャルワーク（社会福祉援助技術）は，直接援助技術と間接援助技術の二つに大別されている。直接援助技術とは，生活課題・問題を抱えている個人や家族，小集団に対して直接的にかかわる技法を用いており，個別援助技術や集団援助技術がある。そして，間接援助技術とは，生活者の環境整備・醸成，改善，施策等のように間接的にかかわる技法を用いており，コミュニティワーク，社会福祉調査法等がある（表7-1）。

3　福島喜代子「第2章 相談援助の定義と構成要素　第1節 ソーシャルワークの概念」社会福祉士養成講座編集委員会編著『＜新・社会福祉士養成講座6＞相談援助の基盤と専門職 第3版』中央法規出版，pp.24〜25，2015年
4　渡部律子は，次のように整理している。ミクロ・レベル（直接実践）は，個人や家族やグループに対する援助であり，主にクライエントと対面する形で提供される。メゾ・レベルは，クライエントに間接的にかかわることであり，実態調査や現場でぶつかっている問題を明らかにすることにより，ほかの組織との間でプログラムの発展や政策形成への影響力を高めていくなどによって，ミクロ・レベルでのソーシャルワークの効果につなげられる。そして，マクロ・レベルでは，メゾ・レベルと同様に間接的なかかわりであり，社会計画や地域の組織化に含まれるプロセスを実践していく。渡部律子「第5章 子ども家庭福祉のソーシャルワーク実践」高橋重宏・山縣文治・才村純編『＜社会福祉基礎シリーズ6 児童福祉論＞子ども家庭福祉とソーシャルワーク』有斐閣，pp.117〜118，2002年

図7-2　ミクロ・メゾ・マクロの概念図

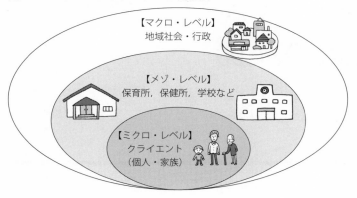

表7-1　ソーシャルワーク

直接援助技術	個別援助技術（ケースワーク，ソーシャルケースワークともいう）	個人や家族を対象とした援助の方法・技術
	集団援助技術（グループワーク，ソーシャルグループワークともいう）	グループを活用して個人の課題の解決を図る援助の方法・技術
間接援助技術	コミュニティワーク	地域を基盤にして展開する援助の方法・技術
	社会福祉調査法	社会福祉に関する実践の課題や有効性に関する調査の方法・技術
	社会活動法	制度やサービスの改善・創設を目的に行政機関などにはたらきかける方法・技術
	社会福祉計画法	社会福祉を計画的・合理的に進めるための方法・技術
	社会福祉管理運営法	社会福祉サービスなどの運営管理の方法・技術

■参考文献
・岡村重夫『社会福祉原論』全国社会福祉協議会，1983年
・松本英孝『主体性の社会福祉論―岡村社会福祉学入門 増補版』法政出版，1999年
・山縣文治編『よくわかる子ども家庭福祉 第9版』ミネルヴァ書房，2014年
・福島喜代子「第2章 相談援助の定義と構成要素 第1節 ソーシャルワークの概念」社会福祉士養成講座編集委員会編『＜新・社会福祉士養成講座6＞相談援助の基盤と専門職 第3版』中央法規出版，2015年
・高橋重宏・山縣文治・才村純編『＜社会福祉基礎シリーズ6 児童福祉論＞子ども家庭福祉とソーシャルワーク』有斐閣，2002年

ソーシャルワーク実践の展開

1 ソーシャルワークの構成要素

ソーシャルワークを構成する要素には，以下の4点があげられる。

① 利用者(クライエント)：生活課題・問題を抱えている個人や家族のこと。

② ニーズ：生活課題・問題のこと。

③ ソーシャルワーカー（援助者）：社会福祉学を基盤にしたソーシャルワーク実践を行う専門職のこと。

④ 社会資源：利用者の生活課題・問題を解決するための資源（人・物・金・情報すべて）のこと。

2 ソーシャルワークの理念

本章第1節で述べたように，ソーシャルワークとは，単に生活課題・問題と社会資源を結びつけることではなく，ソーシャルワーカーの理念や援助観等を軸にして，現実に起きている事例に対して何を問題としてとらえ，そしてその問題に対して，解決するための社会資源を結びつけ，ときには創設することである。

そのため，ソーシャルワークの原理・原則はソーシャルワーク実践におい

てきわめて重要であるといえる。

⚡① ソーシャルワークの原理・原則

■ 人権尊重の原理

人々の基本的人権を基盤として，利用者に対して一人の人間としてとらえることである。そのうえで，利用者とソーシャルワーカーが互いに「個」であり，「異」である存在として認め合うことが尊重といえる。

2 個別性の原理

利用者一人ひとりによって性格，性別，価値観，家族構成等，すべてが異なる。そのため，ソーシャルワーク実践を行う際，事例一つひとつの個別的な対応が求められる。

3 エンパワメント

人の潜在能力を引き出し，高める援助をエンパワメントという。差別や偏見，性差などの社会環境の抑圧によって，人がもっているパワーを発揮できない状況（無力な状況）となる。そのため，本人が自分の潜在能力に気づくことができるよう，それと同時に社会環境を変えるようにはたらきかける。

4 ストレングス

利用者の「強み・長所」であり，その人の力や主体性を促進できるように，その「強み・長所」に着目したかかわり，またその視点を示す。本人の意欲，能力などの内面だけではなく，その人がおかれている環境（家族や地域社会など）の社会資源も含めて「強み・長所」をとらえる。

5 利用者本位

社会福祉の基本理念は，利用者主体であることが基盤となっている。ソーシャルワーカー主体ではなく，利用者自身が自己選択，自己決定を通して主

体的に生きるよう「最善の利益」を念頭に掲げ，かかわる視点が重要である。

⊞② ソーシャルワーク実践の理論

人々が抱える生活課題・問題の内容は経済，人間関係，心理面などあらゆる側面がからみ合っている。そのため，ソーシャルワーク実践の際，生活課題・問題の原因追究について「何を問題としてとらえるのか」という視点が重要であり，その視点は二つあげられる[5]。

1 医学モデル

医学モデルの視点は，生活課題・問題の原因を個人の心理的側面に求めるとらえ方である。

特に幼少期における歪んだ親子関係により，成人してからさまざまな生活課題・問題（対人関係形成の困難，出社拒否症，拒食症など）に影響を及ぼすことがあるといわれている。

主な解決方法として，カウンセリングによる治療的ケアがあげられる。また，ソーシャルワーク実践の際にも，ソーシャルワーカーは利用者に対して幼少期の不快な体験を言語化することで，当時の事実を客観視させて不快な意識を修正し再認識できるようなかかわり方を通して，現在の利用者の主訴を探ることが重要である。

2 生活モデル

生活モデルの視点は，生活課題・問題の原因を個人と社会環境の相互作用により派生する不調和に着目したとらえ方である。ソーシャルワーカーは，利用者の対処能力の強化（エンパワメントなど）と同時に社会環境の改善を目指して，双方にはたらきかけることを目指す。

---

5 日高洋子「第1章 相談援助の概要 §3-2相談援助の理論─3つのモデル」小林育子・小舘静枝・日高洋子『保育者のための相談援助 第2版』萌文書林，p.15，2015年

ソーシャルワーク 実践の過程

ソーシャルワークを実践する際，本節「2 ソーシャルワークの理念」を踏まえたうえで，ソーシャルワーカー（以下，「ワーカー」という）が次のようなプロセスを通して，利用者が抱えている生活課題・問題を改善・解決できるようにかかわることが求められている（図7-3）。

① ケースの発見

生活課題・問題を抱えている人や家族を発見することである。利用者が相談窓口に来訪する，また近隣住民や他職種連携の連絡により発見する場合もある。

しかし，利用者の中には一人で生活課題・問題を抱え込んでしまう場合も少なくない。そのような場合には，専門職によるアウトリーチ[6]も有効である。

図7-3 ソーシャルワーク実践の過程

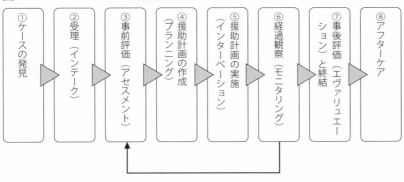

① ケースの発見 ▷ ② 受理（インテーク） ▷ ③ 事前評価（アセスメント） ▷ ④ 援助計画の作成（プランニング） ▷ ⑤ 援助計画の実施（インターベーション） ▷ ⑥ 経過観察（モニタリング） ▷ ⑦ 事後評価（エヴァリュエーション）と終結 ▷ ⑧ アフターケア

6　ソーシャルワーカーが利用者に対して自宅訪問などを行い積極的に手を差し伸べ，利用者が援助を求めやすくかかわる方法。

民生委員から 3 丁目の T さんについて,「入院していた旦那さんが近いうちに退院して自宅に戻ってくる。でも,T さん自身も足腰が弱ってしまい,また家に手すり等がないため今後の生活が心配と話していた。一度,話を聞きに行ってもらえないだろうか」と地域包括支援センターに連絡が入った。

② 受理 (インテーク)

初回面接ともいう。ワーカーは面接を通して,利用者との信頼関係(ラポール)を築くとともに,利用者が抱えている生活課題・問題を把握する。

後日,地域包括支援センターのワーカー E さんは T さんの自宅を訪問した。T さんの自宅は玄関前の階段の傾斜が急であり,また家屋内は,手すりもなく,廊下の横幅も大人一人が通れる程度であり,今後介護を行うには難しい環境であるとワーカー E さんは感じた。

そして,ワーカー E さんは T さんから話を聞いた。面接の間,T さんは目線も伏せがちで疲れ切った表情をしていた。ワーカー E さんが「民生委員さんからお話をうかがいました。近いうちに旦那さんが退院されるんですね」と話しかけると,T さんは「えぇ,1 週間後に。ただ……夫は今回の手術だけではなく,加齢に伴い足腰も弱っていて,担当医からも今後介護が必要になるだろう,と言われました。けど,この家には手すりもないし,廊下も狭いので介護が大変で,私一人でやっていけるか不安で……」と話す。

ワーカー E さんは「それは大変な状況ですね。でも住宅改修なら介護保険制度で対応できますから,安心してください。ちなみに,何かほかに不安に感じられていることはありますか?」と尋ねると,T さんは涙ぐんだ。「突然,夫の介護が必要になり,子どもたちも成人してそれぞれ遠方で生活している

から期待できなくて……。私一人でやっていけるか不安で。仕方ないと思いながら介護をするものの，私も高齢で自分のことで精いっぱいなのに……。でも，私一人が頑張らないといけないから……」と吐露した。

　ワーカーEさんは「身近に頼れる方がいない状況はさぞ心細く，不安だったのですね」と傾聴，受容，共感的理解の姿勢でTさんの話を聞いた。そして，Tさんは不安な気持ちを少し吐き出したことで目線も上がってきた。Tさんは「抱えていた不安を吐き出したら，なんだか少し楽になりました。ありがとうございます。とりあえず，なんとか頑張ってみようと思います」と話し出した。ワーカーEさんは介護保険制度の申請手続きを説明して，Tさんの承諾のもと介護保険申請の手続きを進め，「また気分転換にいつでもお話しにきてください」と伝えて，事務所に戻った。

③ 事前評価（アセスメント）

　数回の面談を通して，利用者の基本情報（年齢，家族構成等）を確認すると同時に，利用者が抱えている生活課題・問題，取り巻く環境などについて，さまざまな相互作用や因果関係を分析し，今後の生活課題・問題の解決への方向性を検討していく。

　この際，利用者自身，また取り巻く環境の「強み」に着目してかかわることが重要である。

事例

　数日後，Tさんが地域包括支援センターにワーカーEさんを訪ねてきた。

　「介護保険で住宅改修してもらい，夫の退院後の生活もなんとかやってきました。ただ，自分のことはすべて二の次で，常に夫優先の生活に疲れてきて……」と介護による疲労困憊がうかがえた。

　ワーカーEさんは，「頼れる存在も近くにおらず，Tさん一人で頑張ってこられて相当おつらかったことでしょう。Tさんはまず何が解決したら，気が楽になりますか？」と尋ねると，Tさんは「一人の時間がほしい。夫の介護が嫌ではないんです。ただ，ずっと夫から目を離すことができず，これまで楽しんでいた趣味の手芸も今では全くできなくて。仕方ないと自分で言い聞かせ

てきましたが，徐々に夫に対しても八つ当たりをするようになって，最近では喧嘩してしまう日々で。少しでも息抜きの時間ができれば，もう少し介護にも余裕がもてるんじゃないかと思うんです……」と話す。

④ 援助計画の作成（プランニング）

　アセスメントで得られた情報を踏まえて「援助（支援）計画」を策定する。ワーカーは利用者との面談を通して，利用者のあらゆる生活課題・問題の中で短期および長期目標を設定する。ただし，目標設定する際にはワーカーと利用者共に共通認識を踏まえること，それと同時に援助実施に関して利用者の承諾が必要である。

事 例

　ワーカーEさんは，Tさんとの面談を通して「Tさん一人の時間を増やす」という短期目標，「福祉サービスを活用しながら安定した介護生活を送れるようにする」という長期目標を設定した。
　ワーカーEさんは，Tさんの夫を担当するケアマネジャー，保健師，民生委員など他職種とのケース会議を通して，Tさんの夫が活用できるケアプランの見直しについてはケアマネジャー，Tさんの精神的疲労を軽減するための専門的相談窓口としては保健師，そして見守りを民生委員で各々対応することにした。また，Tさんが一人の時間を楽しむ，さらに介護仲間を増やすことを目的に，自治会の手芸サークルや介護者が集まる茶話会等の情報提供を随時することになった。

⑤ 援助計画の実施（インターベンション）

　援助計画策定後，利用者の承諾を得てから援助計画のとおりに援助を実践していく段階である。

⑥ 経過観察（モニタリング）

　経過観察とは，援助計画どおり適切に実施されているか，また援助実践している中で，生活課題・問題解決に向かって取り組まれているか等を検討する段階である。その際，計画的に援助実践ができない，また諸事情により状況に変動があった等の場合は，援助実践をいったん中止し，あらためてアセスメントの段階から再検討する必要がある。

事 例

　援助を開始してからしばらくして，様子をうかがうため，ワーカーEさんがTさんの自宅を訪問した。「援助が始まって，どのような様子ですか？」とTさんに話しかけると，「夫に申し訳ない気持ちもあるのですが，訪問介護員さんに来てもらい，夫の食事や入浴をやってもらえて，体力的にも楽になりました。また，2週間に1回の手芸サークルでもお友達ができて，ちょっとの間でも介護の日々を忘れることができます。先月参加した介護者の茶話会では同じ思いを抱える人たちと会い，また介護の工夫なども教えてもらって気持ちが楽になりました」と少しずつ生きる意欲が回復してきた様子だった。そして「実は，隣の県に住んでいる娘も「できるだけ協力する」と言ってくれて，2週間に1度，様子を見に帰ってきてくれることになったんです」とTさんが話す。ワーカーEさんは「それは大変心強いですね」と言い，見守り，介護協力者に娘さんを加えることにした。

⑦ 事後評価（エヴァリュエーション）と終結

　援助計画に基づいて進められてきた援助実践を通して，設定していた目標を達成した段階を示す。援助活動が終結に向かう時期では，ワーカーと利用

者の間で目標達成が確認でき，これまでの援助実践を振り返り，評価する作業である。

　そして，ワーカーと利用者の間で目標達成し援助活動を終結するという共通理解において，利用者が安心して「終結[7]」を迎えられるようにワーカーは最後までかかわることになる。

⑧ アフターケア

　いったん終結を迎えた後も，利用者が別の生活課題・問題を抱えて相談してきた場合に対応する段階を示す。そのために，ワーカーは終結時に利用者に対して次回も安心して相談できることを伝え，また利用者との信頼関係の維持やこれまでの記録を保管しておくことが必要である。

■参考文献
・岡村重夫『社会福祉原論』全国社会福祉協議会，1983 年
・松本英孝『主体性の社会福祉論―岡村社会福祉学入門 増補版』法政出版，1999 年
・小林育子・小舘静枝・日高洋子『保育者のための相談援助 第 2 版』萌文書林，2015 年
・笠師千恵・小橋明子『相談援助 保育相談支援』中山書店，2014 年

7　転勤などによる引っ越し，利用者の死亡等によって終結を迎える場合もある。

第8章

保健・医療等との連携による支援

連携による支援の意義と目的

1 連携による支援の意義 ―なぜ連携が必要か？

① 人の「社会的機能」に注目するソーシャルワーク

ソーシャルワークには，人と環境，その交互作用の全体の関連をとらえながら，問題の解決を図るという固有の視点がある。例えば，事故で半身不随となり車いすでの生活になったことで，学校への通学が難しくなった学生のことを想像してみよう。ソーシャルワークでは，その学生本人の立場から，「学校」という環境との関係で「通学が難しい」という状況がなぜ生じているかを「社会的機能」の問題としてとらえる。

「社会的機能」とは，人が自らのニーズを社会環境との関係において満たす際に，社会環境からの要求にうまく対処することを示す。この例では，学生が通学のために鉄道やバスに乗車し，必要な運賃を払い，目的地で降車するという，「利用者」としての機能，学校の卒業単位を得るために，学校のルールにしたがって授業に出席し，課題に取り組み，必要単位を履修し，さらに学費を払うという，「学生」としての機能などがこの社会的機能にあたる。

ソーシャルワークでは，この社会的機能の問題をさまざまな視点からとらえる必要がある。先述の「通学が難しい」という状況は，鉄道やバスの「利用者」としての社会的機能が車いすの使用によって難しくなり，結果として通学の困難が生じているのかもしれない。あるいは，車いすでの生活になっ

た姿を学校の友人に見られたくないという思いが，「学生」としての社会的機能を制限しているのかもしれない。つまり，「通学が難しい」という状況は，学生と通学にかかわるいくつかの環境との間で生じることが想定される。さらに，その困難を理解するためには，人がもつ四つの側面，すなわち，身体的側面，精神的側面，社会的側面，霊的側面とその全体をとらえる必要がある。

② 人がもつ「四つの側面」

　身体的側面とは，身体の細胞や器官，神経系統など「生物体」としての人の側面を示す。精神的側面とは，人の精神機能，知性，意思などの側面を示す。社会的側面とは，他者や社会とかかわる人の側面を示す。さらに，霊的側面とは身体的側面，精神的側面，社会的側面の中心となる，生きる意味や目的，生きがい，自己実現など，人のスピリチュアルの側面を示す。

　このことを踏まえて，通学が難しい学生の例に戻ってみよう。学生の身体の状況，心の状況，人や社会とのつながり，生きがいなどをまとめて評価（アセスメント）しないと，学生がどの環境との関係で，どんな社会的機能の問題が起きているのかを正確にとらえることができない。例えば，学生の身体的側面の問題が，鉄道，バスなどの交通機関（環境）との関係において，利用者としての社会的機能に困難さを引き起こしているとする。この場合，歩行がどの程度改善するのか，車いすでの移動が学生自身でどの程度できるのか，などの評価を医師や理学療法士，作業療法士などの専門職から教えてもらう必要がある。また，車いす生活となり人生の目標を見失ったことが，学生の通学への意欲を低下させ，通学を困難にしているのであれば，スクールカウンセラーなど心理職による，精神的側面への評価が不可欠となる。さらに，その社会的機能の問題の解決に向けた支援では，他の専門職が行う支援との連携が重要である。

③ 専門的な支援活動の前提となる「連携」

　このように，人と環境，その交互作用の全体の関連から人の生活問題をとらえ，その解決に向けた支援を行うソーシャルワークでは，他の専門職との協力，連携が必須となる。さらに，他の専門職による実践においても他の専門職との協力，連携が不可欠である。例えば，理学療法士や作業療法士，言語聴覚士によるリハビリテーションでは，その対象となる人にとって大切な社会での役割や活動を想定して，評価や計画づくりを行うことになる。また，看護師や保健師が在宅の患者のセルフケアに関する支援を行う際には，その患者の社会生活の状況に沿ってはたらきかけることになる。これらの専門家による活動では，ソーシャルワーカーによる社会的機能の評価や人，環境，その交互作用の全体にはたらきかける支援が役に立つだろう。つまり，福祉，保健，医療にかかわる専門職は，他の専門職と連携することが，専門的な支援活動の前提となる。

④ 連携とは何か？

　専門職および機関による連携は，「チームアプローチ」「チームケア」などさまざまな言葉で表されるが，ここでは「専門職連携」という言葉で解説する。

　専門職連携について新井利民は，「保健医療福祉の2つ以上の領域（機関の異動は問わない）の専門職が，それぞれの技術と知識を提供し合い，相互に作用しつつ，共通の目標の達成を患者・利用者とともに目指す活動」と定義している。[1]

　この定義からわかるように，専門職連携とは，社会福祉士，精神保健福祉士など社会福祉領域の専門職，医師，看護師など保健・医療領域の専門職，理学療法士，作業療法士，言語聴覚士などリハビリテーション領域の専門職，

1　新井利民「英国における専門職連携教育の展開」『社会福祉学』第 48 巻第 1 号，p.143，2007 年

公認心理師など心理領域の専門職など，専門性の異なる専門職が，それぞれの専門性を発揮し合いながら，お互いに協力して進める活動のことをいう。また，その活動は，同じ施設や病院の中で行われる場合と，所属する機関・組織を越えて地域の中で行われる場合がある。前者は，施設や病院の中でのケアカンファレンスにおける，ソーシャルワーカー，医師，看護師などの連携場面がイメージしやすい。また，後者は，高齢者や障害者に対して，ケアマネジメントによってさまざまな職種が連携しながら支援する，在宅ケアの場面などが想定される。

2 専門職連携による支援の目的

① 専門職連携による支援の目的

　専門職連携による支援は，保健医療福祉のサービス利用者（以下，「利用者」という）が抱える健康と生活にかかわる課題に，利用者とさまざまな専門職が協力し合いながら取り組み，利用者の自立，自己実現，および生活の質（QOL）の維持・向上を目指す。この目標を達成するために，複雑で多様なニーズをもつ利用者の支援を包括的かつ統合的に行うことが，専門職連携による支援の目的である。

　複雑で多様なニーズをもつ利用者には，さまざまな機関，専門職が支援を行う。その支援では，各専門職がもつそれぞれの専門性に基づき，評価（アセスメント），プランニング，および介入を行う。こうした活動が，専門職ごと，あるいは専門職が所属する機関ごとに，何の調整もされないまま，バラバラに行われると，利用者に混乱を生じさせる。

　先述したように，人には身体的，精神的，社会的，霊的側面があり，その全体をとらえる必要がある。したがって，各専門職がそれぞれの専門性に基づき各側面に支援を行いつつも，その全体としての人の回復，成長，発達，および生活の質の向上のために力を尽くすことが大切である。このことは，

国際生活機能分類（ICF）の相互作用モデルで考えるとわかりやすい（p.84参照）。

②　専門職連携による支援の視点－ ICF の活用

　ICF では，人の健康状態を心身と身体の機能の状況，課題や行為を遂行する活動状況，社会とのかかわりの状況，およびその背景にある個性や環境の相互作用の結果としてとらえる。例えば，ICF を用いて，糖尿病を抱える利用者の健康と生活の課題を考えてみよう。この場合，利用者の健康と生活の状態は，糖尿病の治療の状況，その治療を左右する服薬や食事，運動などのセルフケアの状況，就労や家事などの生活状況などの相互作用によってつくり出される。さらに，その人のライフスタイルや病気に対する認識などの個人因子，その人をサポートする家族や社会サービスの状況などの環境因子が，利用者の健康と生活の状態に影響を与える。

　したがって，その利用者の健康と生活への支援では，医師による糖尿病の治療およびその前提となる医学的な評価，看護師や保健師による服薬や運動などの保健指導およびその前提となる看護アセスメント，管理栄養士による食事指導およびその前提となる栄養アセスメント，ソーシャルワーカーによる就労や生活の支援およびその前提となるソーシャルワーク・アセスメントを関連づけることが重要である。つまり，保健医療福祉に関連した複雑なニーズをもつ利用者には，各専門職が連携を図りながら，評価と介入を包括的かつ統合的に行う必要がある。

③　専門職連携の広がり

　専門職連携による支援の対象は，利用者個人に限らない。社会の変化に伴い，人々の健康と生活に関する課題とニーズが複雑になっている。こうした中，各専門職者が連携を深めて，地域社会の中に埋もれた支援が必要な人々，および地域住民に共通する福祉課題を発見し，その課題解決を図るしくみや社会資源をつくり出すことも，専門職連携による支援の課題である。また，

その課題達成のためには，地域のことを知る地域住民，利用者の生活の困難さを経験的に知るピアサポーターなど，当事者性を有する人々との協働は欠かせない。

　つまり，専門職連携による支援とは，各専門職が各々専門性に基づく支援の限界を認識し，その限界を越えるために各専門職が連携するとともに，当事者や地域住民との協力関係を構築する活動であるといえよう。

■参考文献
・埼玉県立大学編『IPW を学ぶ─利用者中心の保健医療福祉連携』中央法規出版，2009 年

第2節

専門職連携の方法と展開

ここからは，事例を通して，専門職連携の方法と展開について解説する。

① 専門職連携による支援の導入期

専門職連携の導入期においては，患者や利用者（以下，「本人」という）のアセスメントに関する情報を各専門職が共有しながら，本人，家族などの関係者とともに支援の目標を確認する。また，生活課題と要支援ニーズに関する各専門職によるアセスメントの集約，各専門職およびその所属機関との支援に関する調整などが行われる。

なお，上記のようなアセスメントや支援の調整が，ケアマネジメントによって行われる場合には，ケアマネージャーと呼ばれる支援の統括者がその役割を担う。なお，ケアマネージャーの役割は，ケアマネジメントに関する専門的な教育を受けているソーシャルワーカーが担うことが望ましい。

事例

Cさん（50歳代，男性）は，中学校の教頭を務める教員である。勤務先の中学校が所在するA市内の住宅街にある一軒家で一人暮らしをしている。3年前に妻が病死。一人娘である長女は結婚し，県外で世帯を設けている。

冬のある日，Cさんは夜中に激しいめまいと頭痛に襲われ，自ら救急車を呼んで救急病院に搬送された。搬送先では，脳梗塞の診断を受けて救急処置を受けた。一命は取りとめたものの，利き手側の右半身に麻痺が残り，思いどおりに動くことや話すことが困難になった。救急搬送された病院に10日間入院し，回復期リハビリテーション病棟へ転床となった。転床後，Cさんは

病前の自分をイメージし，復職を目指
してリハビリテーションに励ん
だ。その結果，杖による歩行がある程度
安定し，トイレもなんとか自分でで
きるようになった。しかし，入浴，
爪切り，整髪などは，自分一人では
難しい状態が続いた。C さんは，「全
然治らない」と悩み続けたまま，退
院が 1 か月半後に決まった。リハビ

リテーション病棟の医療ソーシャルワーカー（MSW）は，主治医からの依頼で，
自宅に戻る C さんのために介護保険の申請手続き，居宅介護支援事業所との
仲介などの支援を行った。その結果，C さんは要介護 1 の要介護認定を受けた。

　MSW の仲介で C さんのケアマネジメントを担当することになった介護支
援専門員（ケアマネジャー）の F さんは，入院中の C さんのもとを訪れ，困
りごとや不安を丁寧に聞き取りながら，現在の生活状況，家族状況，経済状況，
仕事の状況，住環境，職場環境などの情報を集めた。あわせて，C さんの退
院支援を担う MSW，主治医の指示のもとリハビリテーションを担当する，理
学療法士，作業療法士，言語聴覚士，療養上の支援を担う看護師より，退院
後の日常生活と仕事など社会生活に関するアセスメントの情報を次のとおり
入手した。

▶ C さんからの情報
・家族は県外にいる長女のみである。現在妊娠中のため，迷惑はかけたくない。
・職場環境はとてもよく，働きやすい。早く治して仕事に復帰したい。
・経済的には，今月まで給与（月に 40 万円ほど）が全額支給される。しかし，
　来月からは，休職扱いとなり給与が 2 割減る。1000 万円ほどの預金があり，
　当面お金の心配はいらないが，将来的には不安である。

▶ MSW からの情報
・職場の同僚や校長が時折，見舞いに来て本人を励ましている。本人は，一
　日も早い職場復帰を希望する反面，右半身の麻痺と言語障害が改善しない
　ことに焦りを覚えており，「これじゃ教員に戻るのは厳しいね」と時折，弱
　音をはく。
・金銭管理はしっかりとできており，病気の説明や制度・サービスの説明に
　も不明点や疑問点を聞き返しながら，確実に理解している。

- 家事は全般的に苦手であり，妻が病死した後は，民間の家事代行サービスや食事宅配サービスを日常的に利用していた。

▶看護師からの情報

- 病棟のスタッフや顔見知りの患者に挨拶したり，話しかけたりと，とても社交的である。本人は言語障害のリハビリテーションも兼ねて他者に話しかけている。
- 利き手がうまく動かないにもかかわらず，歯みがきや洗顔など自分でできることは，自分でやろうと努力している。ただし，着衣や入浴などは病棟スタッフが介助している。それでも，少しずつ左手でできることが増えてきている。
- 病状については，本人は医師より脳梗塞の再発防止のため，月に１回の定期通院と朝夕の服薬を継続する必要があるとの説明を受けている。

▶理学療法士，作業療法士からの情報

- 本人は毎日，真面目にリハビリテーションに取り組んでいる。
- 理学療法，作業療法を続けることで，筋力，日常生活動作（ADL）の低下を予防する効果は見込める。しかし，歩行や右手指の動きなど，右半身の麻痺に伴う機能低下の改善は，今以上には見込めない。

▶言語聴覚士からの情報

- 言語障害は，軽度の運動失語（流暢に話すことや自分の意思を言葉で伝えることが困難）である。言語療法により，改善は見込まれる。
- 本人は毎日，真面目に訓練に取り組んでいる。ただし，教員である本人にとってうまく話せないことが大きなストレスになっている。

　上記のように，支援の導入期では，主治医など治療やケアに権限を有する専門職者の指示に基づき，各専門職が自分の役割を果たす専門職連携の形態が見られることがある。このような形態の連携をマルチディシプリナリ・モデルという。このモデルは，事例のような救急医療の場面や危機介入の場面において有効である。ただし，このモデルでは，危機的な状況を脱するために，一人の専門職の指示に基づき，それぞれの専門職が自分の役割に徹するために，専門職間の有機的な連携はあまり見られない。

||| ② 専門職連携による支援の展開期

事 例

　医療機関からの情報を得て，F さんは，C さんの希望，生活状況，C さんを取り巻く環境，専門職のアセスメント情報を整理，統合しながら，本人の要支援ニーズをアセスメントした。また，そのアセスメントに基づき，C さんの意向を確認しながらケアプランの案を作成した。また，C さんの退院に向けてケアプランを確定するために，支援を依頼する予定のサービス提供機関の担当者を集めて，本人同席のもと，ケア会議を開催した。その会議において，次のことが合意され，当面のケアプランが決定した。

▶長期の目標
・中学校の教頭の職務に復帰する。

▶中期の目標
・教頭の仕事へ復帰するために，まずは復職して，できる業務を増やす。また，復職に必要な生活技能，セルフケアを獲得する。

▶当面の支援課題，支援を担当する機関と専門職，および支援の頻度と時間
・復職に向けて，ADL の向上，維持，および言語機能の回復を図る。（担当：訪問リハビリテーション事業所の理学療法士と言語聴覚士，週 1 回，1 回 40 分）
・復職に向けて，入浴，整髪，髭剃り，爪切りなどのセルフケアの機能を高める。（担当：訪問介護（身体介護）事業所の介護福祉士，週 1 回，1 回 60 分）
・復職に向けた準備を支えるために，洗濯や掃除，買い物代行，食事の準備など，日常生活上の支援を行う。（担当：訪問介護（生活介護）事業所の訪問介護員（ホームヘルパー），週 2 回，1 回 120 分）
・脳梗塞の再発防止を図るため，服薬の確認と健康状態の確認を行う。（担当：訪問看護ステーションの看護師，週 1 回，1 回 20 分）
・ケアプランに基づく支援の進捗管理，生活状況および要支援ニーズの変化を見守り，支援の調整など支援全体を管理する。（担当：ケアマネジャー，随時）

　上記のように，支援の展開期では，専門職間で合意形成を図りながら支援の目標を共有し，役割を分担し，連携，調整を図りながらチームで支援を展

開する，専門職連携の形態が見られることがある。このような連携の形態を
インターディシプリナリ・モデルという。このモデルは，介護保険制度や障
害者総合支援制度などでケアマネジメントに基づき，複数の機関，専門職が
統合的かつ包括的な支援を行ううえで有効である。

③ 専門職連携による支援の発展期

事例

　ケアプランに基づく支援が開始され，半年が経った。Fさんは，支援の提供
状況や支援の課題達成の状況，ニーズの変化，Cさんの支援に対する意向な
どを把握するために，本人と支援の担当者を集めてケア会議を開催した。

　Cさんは，リハビリテーションによって左手指の機能が字を書けるまでに
習得したこと，会話が以前よりも流暢となり満足する一方で，右半身の機能
が回復しないことから，仕事への復帰に不安をにじませた。また，訪問介護
のホームヘルパーが作る食事の味が薄いこと，支援スタッフの中に自分を子
どものように扱う者がいて自尊心を傷つけられていることなどを率直に語っ
た。

　ホームヘルパーからは，訪問看護師からの要請で食事の塩分量を減らして
いるが，このことを訪問看護師が本人に説明していないことへの不満が語ら
れた。

　訪問看護師からは，「塩分量を減らしてほしいとは言ったが，味を薄めてほ
しいとは言っていない」との反論や，ホームヘルパーがCさんの服薬忘れを
把握しながらも，自分に報告がないことへの不満を口にした。

　訪問リハビリテーションを担当する理学療法士，言語聴覚士からは，各専
門職が担当する支援の中で，手指の簡単な体操や「一緒にやる」支援，言語
の訓練などのリハビリテーションを可能な範囲で行ってほしいとの要望が出
された。

　Fさんは，Cさん，各専門職の主張や意見を丁寧に聞き取った。そのうえで，
Cさんの目標達成が支援の本質的な目的であることを再確認し，①教員であ
るCさんを各支援者が「先生」と呼び，教員としての復職を目指すという共
通の目標を常に各支援者が意識すること，②服薬の主体はCさんであり，支
援者全員がその行動をサポートすること，③手指の体操，言語訓練，「一緒に

やる」支援などのリハビリテーション
は，各支援者が支援のつど，必ず何
かを行うこと，という3点の支援方
針を提案し，参加者全員が了承した。
　このケア会議から3か月が経ち，
ケア会議で各専門職が合意した3点
の支援方針は，それぞれの支援者が
自らの役割を越えて実施している。

　上記のように，支援の発展期では，支援チームにおいて葛藤や軋轢（あつれき）が生
じることもある。また，連携がうまくいかず，本来実施されるべき支援が行
き届かないこともある。このような状況を避けるために，専門職連携では，
専門職間の関係の調整，チームの連携体制の構築など，支援チームを維持，
発展させる役割と機能が求められる。つまり，専門職連携には，利用者の支
援目標の達成に向けた支援の機能と，支援チームを維持，発展させる機能の
両方が求められる。こうした機能のうち，前者をタスク機能，後者をメンテ
ナンス機能という。

　また，支援の発展期では，利用者に対する支援課題の達成のために，各専
門職がそれぞれの役割や専門性を越えて連携することがある。この連携の形
態をトランスディシプリナリ・モデルという。このモデルは，手厚いケアを
常時必要とする人の地域生活を支えるために，包括的で切れ目のない支援体
制をつくるうえで有効である。

■参考文献
・菊地和則「多職種チームの3つのモデル─チーム研究のための基本的概念整理」『社会福祉学』
　第39巻第2号，pp.273～290，1999年

第 9 章

社会保障制度の概観

1 社会保障の理念

　日本国憲法第25条第1項（国民の生存権）第2項（国の義務）を受け，社会保障制度審議会は，1950（昭和25）年に「社会保障制度に関する勧告」を行った。そこでは「社会保障制度とは，疾病，負傷，分娩，廃疾，死亡，老齢，失業，多子その他困窮の原因に対し，保険的方法又は直接公の負担において経済保障の途を講じ，生活困窮に陥った者に対しては，国家扶助によって最低限度の生活を保障するとともに，公衆衛生及び社会福祉の向上を図り，もってすべての国民が文化的社会の成員たるに値する生活を営むことができるようにすることをいうのである」と定義した。つまり，我が国の社会保障制度の骨格を示し，国民の生活を保障する義務が国にあることを明確にしたといえる。

　ところで，この勧告が出された当時は，戦後まもなくの時期で，国民生活は疲弊し，いかにして最低限度の生活を保障するかということが現実的な理念であり，課題であったといえる。

　しかし，今日，我が国の国民生活は様変わりし，生活水準，生活様式や価値観は大きく変化し，新たな社会保障制度のあり方が問われるようになっている。そこで，社会保障制度審議会は1995（平成7）年に「社会保障体制の再構築—安心して暮らせる21世紀の社会を目指して」と題する勧告を行っている。

そこでは，「現在の社会保障制度は，すべての国民の生活に不可欠なものとして組み込まれ，それなくして国民の生活が円滑に営まれ得ない体制となっている。このような事態を踏まえると，21世紀に向けて社会保障体制を充実させるためには，はっきりと，広く国民に健やかで安心できる生活を保障することを，社会保障の基本的な理念として掲げなければならない」としている（本勧告第1章第1節1より）。

近年の社会保障をめぐる動向から，2012（平成24）年8月に公布された社会保障制度改革推進法を取り上げる。同法第2条で社会保障制度改革の基本的な考え方を示し，同条第1項第1号で，「自助，共助及び公助が最も適切に組み合わされるよう留意しつつ，国民が自立した生活を営むことができるよう，家族相互及び国民相互の助け合いの仕組みを通じてその実現を支援していくこと」としている[1]。

2 社会保障の範囲

社会保障制度の範囲は，一般的に次のように分けられている。①公的扶助，社会福祉，社会保険，公衆衛生および医療を狭義の社会保障，②①に恩給と戦争犠牲者援護を加えて広義の社会保障としている。さらに，③公営住宅などの住宅関連事業と雇用（失業）対策（このうち失業給付は社会保険に含まれている）を社会保障関連制度としている（p.10 図1-3参照）。

■参考文献
・大久保秀子『新・社会福祉とは何か 第3版』中央法規出版，2018年
・一般社団法人日本ソーシャルワーク教育学校連盟編『＜最新 社会福祉士養成講座 精神保健福祉士養成講座7＞社会保障』中央法規出版，2021年

1　この社会保障制度改革の考え方には多くの議論がある。例えば，日本弁護士連合会は「国の責任を，「家族相互及び国民相互の助け合いの仕組み」を通じた個人の自立の支援に矮小化するものであり，国による生存権保障及び社会保障制度の理念そのものを否定するに等しく，日本国憲法25条1項及び2項に抵触するおそれがある」と反対の意見書（2013（平成25）年11月21日）を提出している。

社会保険

　我が国の社会保険制度としては，「医療保険」「年金保険」「雇用保険」「労働者災害補償保険」「介護保険（第4章第3節参照）」があり，以下それらの概要を述べる。

1　医療保険制度

　我が国の医療保険制度は，被用者（労働者）を対象とする健康保険法（1922（大正11）年）が始まりである。農山漁村の住民を対象とする国民健康保険も戦前に始まるが，1958（昭和33）年の国民健康保険法の改正を経て，1961（昭和36）年からすべての国民が何らかの医療保険制度に加入するという「国民皆保険」が実現した。今日の保険制度は，被用者を対象とする健康保険，船員保険，国家公務員共済組合，地方公務員共済組合，私立学校教職員共済，自営業などを対象とする国民健康保険の6種類と後期高齢者医療制度である。

　以下では，健康保険と国民健康保険および高齢者医療制度の概要を述べる。

||①　健康保険

■1　目的

被保険者またはその被扶養者の業務災害以外による疾病，負傷もしくは死亡または出産について保険給付を行うことを目的としている。

■2　保険者

保険者は全国健康保険協会（窓口は協会の都道府県支部）と健康保険組合がある。前者は民間の中小企業の従業員を対象としており，後者は大企業の従業員を対象としている。健康保険組合には単一事業所で700人以上の従業員で組織するものと，同種，同業の事業所が集まって3000人以上の従業員で組織するものがある。

■3　被保険者

常時5人以上の従業員を使用する事業所，国や地方公共団体，法人の事業所は強制適用事業所となる。したがって，強制適用事業所に使用される者が，被保険者となる。また，強制適用事業所以外でも事業主が被保険者となるべき者の2分の1以上の同意を得て厚生労働大臣の認可を受けて任意適用事業所となった場合，その事業所に使用される者は被保険者となる。

また，退職などにより被保険者の資格を喪失した場合でも2年間に限り被保険者（任意継続被保険者）となることができる。

■4　保険給付

(1) 療養の給付

入院・通院ともに医療費の7割が給付され，3割が自己負担となる。被扶養者に対しても同様の給付が支給されるが，義務教育就学前の者は8割給付，70歳以上75歳未満の者は8割給付（現役並み所得者は7割給付）である。

⑵ 入院時食事療養費

　入院時の食事について，厚生労働大臣が定める額を控除した額が入院時食事療養費として支給される。2021（令和3）年度時点での入院時食事療養標準負担額は1食あたり460円（低所得者には軽減）である。

⑶ 入院時生活療養費

　65歳以上の被保険者が，療養病床への入院に伴い生活療養を受けたときは，厚生労働大臣が定める額を控除した額が入院時生活療養費として支給される。2021（令和3）年度時点での入院時生活療養標準負担額は1日370円＋1食460円（低所得者には軽減）である。

⑷ 保険外併用療養費

　保険外診療を受ける場合でも，先進医療など厚生労働大臣が定める療養については，保険診療との併用が認められており，通常の治療と共通する部分（診察・検査等）の費用は，一般の保険診療と同様に扱われる。

⑸ 療養費

　保険医療機関以外の医療機関で診療を受けた場合であって，保険者がやむをえないと認めたときなどに，療養に要した費用が現金で支給される。

⑹ 訪問看護療養費

　疾病または負傷により居宅において訪問看護ステーションから訪問看護を受けた場合に支給される。給付率は療養の給付と同様である。

⑺ 高額療養費

　被保険者が同一の月に一つの医療機関ごとに自己負担限度額（世帯員合算）を超えた場合に，超えた部分が払い戻しされるものである。この自己負担限度額は収入と年齢で異なる。70歳未満の者（世帯）の場合，年収約370万円から約770万円の者で8万100円＋（医療費−26万7000円）×1％，低所得者の場合は3万5400円となっている。70歳以上75歳未満の者の自己負担限度額は，後述する後期高齢者医療制度における高額療養費と同額である。

　また，療養の給付に係る一部負担金の額および介護保険の利用者負担額の合計が著しく高額である場合に支給される高額介護合算療養費がある。

これらのほかに，傷病手当金，出産育児一時金，出産手当金，埋葬料（葬祭費）などの支給がある。

なお，被扶養者に対してもほぼ同様の保険給付が支給される。

5 財源

健康保険の財源は，①保険料，②国庫負担，③患者の窓口負担でまかなわれる。保険料は標準報酬月額と標準賞与額に保険料率を乗じて計算され，被保険者と事業主が折半である。国庫負担は全国健康保険協会には保険給付の16.4％を負担し，健康保険組合に対しては定額の事務費を負担している。

② 国民健康保険

1 目的

健康保険，船員保険，共済組合などの被用者保険に加入していない自営業者などを対象として，疾病，負傷，出産，死亡などについて必要な保険給付を行うことを目的としている。

2 保険者

保険者は，都道府県，市町村（特別区）である。都道府県は財政運営を担い，市町村は保険給付，保険料率の決定等を担うこととなっている。また，国民健康保険組合の加入者の場合は組合が保険者である。国民健康保険組合は同種の事業・業務（医師，歯科医師，薬剤師，弁護士など）に従事する300人以上で組織されている。

3 被保険者

都道府県に住所を有する者はすべて国民健康保険の被保険者となる。ただし，被用者保険の被保険者とその扶養家族，国民健康保険組合の被保険者，高齢者医療制度の被保険者，および生活保護世帯は除かれる。

4 保険給付

被保険者が医療機関に受診したとき給付されるものとして，法定給付（保険者に義務づけられているもの）と任意給付（保険者の自主性にまかされている）がある。

(1) 法定給付

①療養の給付，②入院時食事療養費，③入院時生活療養費，④保険外併用療養費，⑤療養費，⑥訪問看護療養費，⑦特別療養費，⑧高額療養費，⑨高額介護合算療養費，⑩移送費，⑪出産育児一時金，⑫葬祭費などがある。

(2) 任意給付

傷病手当などがある。

5 財源

国民健康保険の財源は，①保険料（税），②国庫負担，③都道府県および市町村補助金，④市町村一般会計からの繰入金等である。保険料は，保険税または保険料のいずれかにより世帯主または組合員に課される。保険料額は世帯を単位としており，世帯の所得，資産，人数などにより算出される。算出方法は各市町村（または都道府県）が個々に定めるので居住地によって保険料は異なる。なお，低所得世帯には減額措置がある。公費負担は医療給付費の50%で，その内訳は国庫負担金41%，都道府県9%となっている。

③ 高齢者医療制度

我が国の国民皆保険は，国民健康保険と被用者保険（健康保険）の2本立てで実現している。ところが，所得が高く医療費の低い現役世代は被用者保険に多く加入し，退職して所得が下がり医療費がかさむ高齢期になると国民健康保険に加入するといった構造的問題があった。このため，高齢者医療を社会全体で支える視点に立って制度化されたものである。

65歳以上の人を対象とするものであるが，「前期高齢者医療制度」（65歳以上75歳未満）と「後期高齢者医療制度」（75歳以上）からなっている。

1 前期高齢者医療制度

　独立して「前期高齢者医療制度」があるわけではない。前期高齢者はそれまで加入していた医療保険制度に加入したままである。しかし，先に述べたように高齢期になると国民健康保険への加入者が多くなり，国民健康保険の財政を圧迫することとなるため，若年者の多い被用者保険から納付金の負担を求めるという財政調整である。

　医療費の一部負担金は65歳以上70歳未満は3割，70歳以上75歳未満は2割（ただし，現役並み所得者は3割）となっている。

2 後期高齢者医療制度

　後期高齢者医療制度は75歳以上，および65歳以上75歳未満で一定の障害のある者を被保険者とするものである。

　運営主体は「後期高齢者医療広域連合」（都道府県内のすべての市町村が加入）である。財源は公費約5割，74歳以下が加入する各医療保険からの支援金約4割，保険料1割となっている。保険料は広域連合ごとに決められ，特別徴収（年額18万円以上の年金受給者は年金から天引き）と普通徴収（市町村へ納付）がある。なお，低所得者への軽減措置がある。

　医療給付の種類は他の医療保険とほぼ同様である。医療費の一部負担金は1割[2]（現役並み所得者は3割）となっている。

2 年金保険制度

　我が国の公的年金制度は被用者（公務員や工場労働者など）を中心に整備されてきたため，農林漁業者や自営業者などは年金制度からもれていた。そ

2　一定の収入がある75歳以上の窓口負担を1割から2割に引き上げることが2022（令和4）年度後半に予定されている。具体的には，単身世帯では年金を含む年収200万円以上，複数世帯（後期高齢者が2人以上の世帯）では年収320万円以上を対象としている。

図 9-1　年金制度の体系

厚生年金		
国　民　年　金　（受給時は「基礎年金」）		
第 1 号被保険者	第 2 号被保険者	第 3 号被保険者
非被用者：自営業者，農業者，20歳以上学生，無業者（＝20歳以上60歳未満で2号・3号以外の全国民），その他一部の被用者（パート労働者など）	被用者：公務員と民間企業に勤める者（＝厚生年金適用事業所に常時使用される70歳未満の者）	第 2 号被保険者の被扶養配偶者：20歳以上60歳未満の専業主婦（夫）（＝原則として年収130万円未満の者）

出典：一般社団法人日本ソーシャルワーク教育学校連盟編『＜最新 社会福祉士養成講座 精神保健福祉士養成講座 7 ＞社会保障』中央法規出版，p.163，2021年

こで被用者以外（農林漁業者や自営業者など）を対象とする「国民年金制度」が 1961（昭和 36）年 4 月から施行されることとなった。これによって，すべての国民が何らかの年金制度に加入するという「国民皆年金」が実現した。その後年金制度は改正され，1985（昭和 60）年の改正で基礎年金制度が導入され，国民年金はすべての国民を対象とする基礎年金となった。これによって，被用者も国民年金法の適用を受けることとなった。以後，我が国の年金制度は 2 階建て構造となった。つまり，1 階部分が国民年金（基礎年金），2 階部分が民間サラリーマンを対象とする厚生年金，公務員共済組合，私立学校教職員共済となった。また，2015（平成 27）年 10 月より，厚生年金に公務員や私立学校教職員も加入することとなり，2 階部分は厚生年金に統一されることとなった。なお，3 階部分として企業年金等があるが，ここではいわゆる公的年金である国民年金と厚生年金のみの解説にとどめる。

① 国民年金

１ 目的

我が国の年金制度の土台として，すべての国民の老齢，障害または死亡に

対する給付を行い，国民生活の安定が損なわれることを国民の共同連帯によって防止し，もって健全な国民生活の維持および向上に資することを目的としている。

2 保険者

保険者は政府である（窓口は年金事務所）。

3 被保険者

国民年金は 20 歳以上 60 歳未満の者を対象とし，全国民共通の基礎的な給付を行うもので，被保険者は次の 3 種類がある。
① 第 1 号被保険者：20 歳以上 60 歳未満の日本国内に住所を有する者（自営業者や農業従事者，学生など）で，②③以外の者。
② 第 2 号被保険者：厚生年金の被保険者。
③ 第 3 号被保険者：②の被扶養配偶者で 20 歳以上 60 歳未満の者。

4 保険給付

(1) 老齢基礎年金

保険料納付期間と保険料免除期間を合算した期間（合算対象期間を含む）が 10 年以上である者が 65 歳に達したときに支給される。ここでいう合算対象期間とは 1986（昭和 61）年 3 月まで任意加入であった被用者の配偶者であり，加入していなかった期間などである。

年金額は 2021（令和 3 ）年度で年額 78 万 900 円（月額 6 万 5075 円）となっている。なお，この金額は 20 歳から 60 歳までの 40 年間保険料納付を満額とし支給されるものであり，保険料未納期間や免除期間があれば減額されることとなっている。

(2) 障害基礎年金

20 歳前の障害，または被保険者であるときに一定の障害（1 級または 2 級）の状態になり，かつ，その被保険者期間のうち保険料納付済期間（保険料免除期間を含む）が加入期間の 3 分の 2 以上あることとなっている。

年金額は 2021（令和 3 ）年度で 1 級が年額 97 万 6125 円，2 級が年額 78

万900円となっている。また，障害基礎年金の受給権者となったときに，その者によって生計を維持されていた18歳到達年度の末日を経過していない子（または1級，2級の障害のある子の場合は20歳未満）がいる場合は，子が2人までは各年額22万4700円，3人目以降は各年額7万4900円が加算される。

(3) 遺族基礎年金

死亡した者が，被保険者（保険料納付期間が加入期間の3分の2以上ある者）または老齢基礎年金の受給資格期間が25年以上あった場合等に，その者に生計を維持されていた遺族に支給される。ただし，特例として，2026（令和8）年4月1日前の死亡については，死亡日前の1年間のうちに保険料未納期間がない場合は支給対象となる。

遺族の範囲は，配偶者（子と生計を同じくする場合）と子（18歳到達年度の末日を経過していない者または1級もしくは2級の障害のある20歳未満の者）である。

年金額は配偶者への支給額は年額78万900円（2021（令和3）年度）であり，子の加算額は2人まで各年額22万4700円，3人目以降は各年額7万4900円である。子への支給額も同額（年額78万900円）であり，子の2人目は年額22万4700円，3人目以降は各年額7万4900円である。

(4) 独自給付

国民年金には自営業者等の第1号被保険者のみを対象とする付加年金，寡婦年金，死亡一時金がある。

5 財源

国民年金の財源は，保険料と国庫負担である。保険料は月額1万6610円（2021（令和3）年度）である。なお，任意加入の付加年金の保険料は月額400円である。第1号被保険者の場合，自分で市町村に納付することになっているが，第2号，第3号被保険者の場合は各被用者年金制度が国民年金制度に対して基礎年金拠出金としてまとめて納付することとなっている。また，この保険料は失業などにより所得がない場合や生活保護受給者，障害基礎年金受給者などに免除制度があるほか，学生に対しては特例制度（就労開

始後に追納）がある。

　国庫負担は第1号被保険者に係る基礎年金給付費の2分の1となっている。

⑵ 厚生年金

1 目的

　労働者の老齢，障害または死亡について保険給付を行い，労働者およびその遺族の生活の安定と福祉の向上に寄与することを目的としている。

2 保険者

　保険者は政府である（窓口は年金事務所）。

3 被保険者

　強制適用事業所（船舶を含む）または任意適用事業所に使用される者，国・地方公共団体や法人に雇用される者で，70歳未満の者が被保険者となる。強制適用事業所とは，常時5人以上の従業員を使用する事業所である。任意適用事業所とは被保険者となるべき者の2分の1以上の同意を得て厚生労働大臣の認可を受けた事業所である。

　また，厚生年金保険の被保険者は国民年金（基礎年金）にも第2号被保険者として加入していることになるため，いわば二重に加入することとなる。

4 保険給付

　厚生年金の被保険者は，国民年金の被保険者でもある。保険事故が起こった場合，国民年金からも各基礎年金が受けられることとなる。したがって，厚生年金の給付は，原則として各基礎年金が受給される場合に支給されることとなっている。

⑴ 老齢厚生年金

　厚生年金保険の被保険者期間（1か月以上）があり，老齢基礎年金の受

給期間を満たした者に，原則として 65 歳から支給される。支給額は保険料納付額に応じて決定される。なお，厚生年金保険の被保険者期間が 20 年以上ある者が受給権を取得したときに，その者に生計を維持されていた 65 歳未満の配偶者または 18 歳到達年度の末日を経過していない等の子がいる場合には加給年金が支給される。

(2) 障害厚生年金

厚生年金保険の被保険者期間中に初診日のある傷病による障害が，国民年金の障害基礎年金（1 級または 2 級）に該当する状態であるときに支給される。また，障害の程度が障害基礎年金には該当しないが，厚生年金の等級表（3 級）に該当する場合は，独自の障害厚生年金が支給される。さらに，3 級より軽い障害の場合においても要件を満たす場合は障害手当金（一時金）の支給がある。

(3) 遺族厚生年金

遺族厚生年金は，①被保険者が死亡したとき，②被保険者期間中の傷病により，初診日から 5 年以内に死亡したとき，③ 1 級または 2 級の障害厚生年金の受給権者が死亡したとき，④老齢厚生年金の受給権者または受給資格期間（25 年以上）を満たしている者が死亡したとき，に支給される。

遺族厚生年金の遺族の範囲は遺族基礎年金より広く，㋐配偶者（夫の場合は 55 歳以上の場合（60 歳から支給）），㋑子・孫（18 歳到達年度末までの間にあるか 20 歳未満で 1 級または 2 級の障害がある者），㋒父母・祖父母（55 歳以上の場合（60 歳から支給）），となっている。

5 財源

厚生年金保険の財源は，保険料と国庫負担である。保険料の額は，標準報酬月額と標準賞与額にそれぞれ保険料率（2021（令和 3）年度で 18.3%）を乗じて算出され，事業主と被保険者が折半で負担することとなる。国庫負担は基礎年金拠出分の 2 分の 1 と事務費の全額である。

3 雇用保険・労働者災害補償保険

① 雇用保険

1 目的

雇用保険は，①労働者が失業した場合に保険給付を行うほか，職業教育訓練を受けた場合および子の養育のための休業をした場合に必要な給付を行うことにより，労働者の生活および雇用の安定を図るとともに，求職活動を容易にすることなど失業者の就職を促進し，②労働者の職業の安定に資するため，失業の予防，雇用状態の是正，雇用機会の増大，労働者の能力開発，労働者の福祉の増進を図ること，を目的としている。

2 保険者

保険者は政府である（なお，第一線の窓口は公共職業安定所）。

3 被保険者

農林水産業の一部を除き，労働者を雇用するすべての産業の事業に適用される。被保険者には，一般被保険者（65歳未満の常用労働者），高年齢被保険者(65歳以上の労働者)，短期雇用特例被保険者(季節的に雇用される者)，日雇労働被保険者（日々雇用される者，30日以内の期限を定めて雇用される者）がある。なお，それぞれに対応した給付が設計されている。

4 保険給付

雇用保険の保険給付には，「失業等給付」と「育児休業給付」がある。「失業等給付」には「求職者給付」「就職促進給付」「教育訓練給付」「雇用継続給付」がある。

⑴ 失業等給付

❶ 求職者給付

▶一般求職者給付（基本手当）

受給要件は，離職した者に被保険者期間が一定期間あり，かつ，就職しようとする積極的な意思があり，いつでも就職できる能力があるにもかかわらず，本人や公共職業安定所の努力によっても就職できない者に給付される。

受給期間は，離職日における年齢，被保険者であった期間，離職理由などによって90～360日の間で決定される。この給付日数は被保険者期間が長いほど長く，年齢が高いほど長くなっている。障害者など再就職が困難な者も給付日数が長くなっている。

受給額は，離職前の直前平均日額の50%～80%となっている。賃金水準が低かった人ほど，その割合は高くなっている。

▶その他の求職者給付

高年齢求職者給付金（一時金），特例一時金（短期雇用特例被保険者に対するもの），日雇労働求職者給付金がある。

❷ 就職促進給付

①就業手当，②再就職手当，③就業促進定着手当，④常用就職支度手当，⑤移転費，⑥求職活動支援費などがある。これらはいずれも就職を促進することをねらいとするものである。「再就職手当」を取り上げると，基本手当の受給資格のある者が，定められた給付日数の3分の1以上を残して安定した職業に就いた場合，その他一定の要件を満たしている場合に支給される。

❸ 教育訓練給付

▶一般教育訓練費

一定の要件を満たす被保険者が厚生労働大臣の指定する教育訓練（雇用の安定・就職の促進に資する訓練）を受講し修了した場合に支給される。支給額は，教育訓練に要した費用の20%（上限10万円）である。

▶特定一般教育訓練費

一定の要件を満たす被保険者が厚生労働大臣の指定する教育訓練（速やかな再就職および早期のキャリア形成に資する訓練）を受講し修了した場合に支給される。支給額は，教育訓練に要した費用の40%（上限20万円）であ

る。

▶専門実践教育訓練費

一定の要件を満たす被保険者が厚生労働大臣の指定する教育訓練（業務独占資格または名称独占資格の養成施設等）を受講し修了した場合に支給される。支給額は，教育訓練に要した費用の50％（年間上限40万円）で，最大3年間支給される。

❹ 雇用継続給付

▶高年齢雇用継続給付

一定の要件を満たす60歳以上65歳未満の一般被保険者が再就職し，賃金が60歳時点より75％未満になった場合，15％相当額が支給される。

▶介護休業給付

一定の支給要件を満たす一般被保険者が家族の介護により，介護休業を取得した場合に支給されるものである。受給期間は最長で93日であり，支給額は休業開始時の賃金日額の67％×支給日数である。

(2) 育児休業給付

育児休業を取得した被保険者が一定の要件を満たす場合，育児休業給付金が支給される。支給額は休業開始から6か月間は休業開始時の賃金日額の67％×支給日数，6か月以降は50％×支給日数である。

(3) 就職支援法事業（求職者支援制度）

求職者支援制度の対象者は，雇用保険の失業等給付を受けることができない者で職業訓練，就職支援が必要と認められる者（特定求職者）としている。特定求職者に職業訓練の機会の提供，訓練期間中の生活支援としての職業訓練受講給付金の支給（職業訓練の期間中月額10万円，ただし所得制限あり），公共職業安定所の就職支援を行うものである。なお，本事業は，職業訓練の実施等による特定求職者の就職の支援に関する法律に基づくものである。

(4) 雇用保険二事業

❶ 雇用安定事業

再就職を支援する事業主，雇用機会が著しく不足している地域において地域の求職者を雇用した事業主，障害者等の就職困難者を雇用した事業主等へ支援する事業である。

❷ 能力開発事業

　労働者の能力開発，向上を図る事業主への支援のほか，雇用保険受給資格者等に対する公共職業訓練(職業能力開発校等)の充実等を行う事業である。

5　財源

　雇用保険の財源は，事業主および被保険者が負担する保険料と国庫負担によってまかなわれる。失業等給付に要する費用は労使折半の保険料でまかなわれ，雇用保険二事業は事業主の保険料でまかなわれる。国庫負担は求職者給付や雇用継続給付に要する費用の一部にあてられる。

||| ② 労働者災害補償保険

1　目的

　労働者災害補償保険（労災保険）は，業務上の事由または通勤による労働者の負傷，疾病，障害，死亡等に対して，必要な給付を行い，あわせて被災労働者の社会復帰の促進と被災労働者およびその遺族の援護，労働者の安全および衛生の確保を図り，労働者の福祉増進に寄与すること，を目的としている。

2　保険者

　保険者は政府である（ただし，実際の業務は都道府県労働局や労働基準監督署が行っている）。

3　適用事業

　労働者を使用する事業は，すべて労災保険の適用事業となる。適用事業に使用される労働者にはすべて労災保険が適用される。非常勤，パートタイム，アルバイトなど雇用形態や雇用期間は問われずに適用される。

4 保険給付

　労災保険の給付対象となるのは，業務災害と通勤災害による負傷，疾病である。その災害認定は被災労働者の申請に基づき，都道府県労働基準監督署が行う。給付内容は業務災害と通勤災害ではほぼ変わらないが，給付の性格が異なるため通勤災害の場合は（　）内である。

(1) 療養補償給付（療養給付）

　治療等の医療の現物または現金による給付である。業務災害の場合は自己負担はないが，通勤災害の場合はごくわずか自己負担がある。

(2) 休業補償給付（休業給付）

　支給額は被災直前3か月の平均日額の60%相当である。

(3) 傷病補償年金（傷病年金）

　業務災害等による傷病が1年6か月を経過しても治らず，傷病等級が1級から3級に該当する場合に，休業（補償）給付から切り替わる形で支給される。支給額は傷病等級によって異なっている。

(4) 障害補償給付（障害給付）

　業務災害等による傷病が治癒した後，障害等級第1級から第7級までに該当する重い障害が残っている場合には，障害（補償）年金が支給される。支給額は障害等級によって異なっている。また，障害等級第8級から第14級までの比較的軽い障害が残っている場合には，年金ではなく，障害（補償）一時金が支給される。この場合も障害等級によって支給額は異なっている。

(5) 遺族補償給付（遺族給付）

　業務災害等で労働者が死亡した場合，その遺族に遺族（補償）年金が支給される。受給資格者はその労働者によって生計を維持されていた配偶者，子，父母，祖父母，兄弟姉妹である。年金額は遺族の人数によって異なっている。また，受給権者がいない場合，またはいなくなった場合などにそれ以外の遺族に支給される遺族（補償）一時金がある。

(6) その他

　葬祭料（葬祭給付），介護補償給付（介護給付），二次健康診断等給付（定期健康診断等において業務上の事由による脳，心臓疾患に関連する異常の所

見があると診断された場合に行われるもの）等がある。

5 社会復帰促進事業

保険給付の事業に並列する事業として実施するものであり，次のようなものがある。

① 労災病院等の設置・運営，義肢等装具費の支給など

② 特別支給金，遺族の修学援護費の支給など

③ 健康診断に関する施設の設置・運営など

6 財源

労働者災害補償保険の財源は，全額事業主が負担する保険料である。保険料率は業種によって災害リスクが異なるため事業の種類ごとに決められている。また，労働災害防止努力の促進を目的として，事業所ごとの災害発生率に応じて一定の範囲内で保険料率を決定する（災害が少ない事業所ほど保険料率が低くなる）しくみとなっている。

■参考文献
・『社会保障の手引き―施策の概要と基礎資料 2021 年版』中央法規出版，2021 年
・一般社団法人日本ソーシャルワーク教育学校連盟編『＜最新 社会福祉士養成講座 精神保健福祉士養成講座 7 ＞社会保障』中央法規出版，2021 年
・鈴木幸雄編著『改訂 現代の社会福祉』中央法規出版，2018 年
・椋野美智子・田中耕太郎『はじめての社会保障―福祉を学ぶ人へ 第 18 版』有斐閣，2021 年

その他の関連制度

1 住宅

　国民の健康で文化的な生活を保障するためには，快適な住環境を保障することが不可欠である。また，近年の高齢者・障害者福祉分野において在宅福祉が重要視されているが，高齢者や障害者にとって暮らしやすい住宅の確保は，在宅福祉を実現するにあたっての基本ともなるものである。ここでは，我が国の住宅政策として重要な位置にある公営住宅法（1951（昭和26）年制定），および近年注目されているサービス付き高齢者向け住宅を取り上げる。

　公営住宅法に基づく公営住宅は，低所得階層を対象として，低家賃住宅を供給するものである。公営住宅のなかには，母子世帯，高齢者世帯，障害者世帯などを対象とする特定目的住宅を含めて建設されている。この特定目的住宅は入居者の生活に配慮した配置および設計となっているとともに，優先入居や単身入居などの配慮もなされている。

　なお，高齢者に対する住宅対策として近年増加しているのが，サービス付き高齢者向け住宅である。これは高齢者の居住の安定確保に関する法律（高齢者住まい法）（2001（平成13）年制定）が2011（平成23）年に改正されたことに伴って創設されたものである。段差解消，手すりの設置などバリアフリー構造を有し，状況把握，生活相談サービスを提供するほか，住宅によっては食事の提供，清掃，洗濯などの家事援助の提供を行う。事業者は都

道府県知事に登録することとされている。サービス付き高齢者向け住宅の登録件数は 2021（令和 3）年 10 月末現在で，7979 件，27 万 1302 戸となっている。

2 雇用

① 高年齢者雇用安定法

我が国の高齢社会の進行は，労働力人口にも高齢化の傾向をもたらしている。このような中，高齢者にあっても就労を希望する者にはできる限り働ける機会を保障していくとともに，就労を通して生きがいを高めていくことが課題となっている。

高年齢者等の雇用の安定等に関する法律（高年齢者雇用安定法）は高年齢者の安定した「雇用の確保の促進」「再就職の促進」などを目的とし，1971（昭和 46）年に制定された。「雇用の確保の促進」としては，65 歳までの定年の引き上げや継続雇用制度の導入など事業主の責務が定められている。「再就職の促進」としては，求人の開拓や情報提供などによる再就職への支援が定められている。また，この法における「シルバー人材センター」は，定年退職者などを会員として，臨時・短期的な就業機会を提供するものである。

なお，同法改正（2020（令和 2）年）で従業員の 70 歳までの就労確保を努力義務とする規定が盛り込まれた（2021（令和 3）年 4 月 1 日施行）。

② 障害者雇用促進法

障害者の雇用をめぐる情勢には厳しいものがあり，障害者の就労を支援するための施策が必要である。障害者の雇用の促進等に関する法律（障害者雇用促進法）は障害者の職業の安定を図ることを目的とし，1960（昭和 35）年に制定された。この法において対象となる障害者とは「身体障害，知的障

害，精神障害（発達障害を含む。）その他の心身の機能の障害があるため，長期にわたり，職業生活に相当の制限を受け，又は職業生活を営むことが著しく困難な者」（第2条）としている。

この法の主な内容として，「雇用率制度」と「雇用納付金制度」および「職業リハビリテーション」がある。「雇用率制度」とは一定率以上の障害者の雇用を義務づけたものである。「雇用納付金制度」は「雇用納付金の徴収」「雇用調整金，報奨金の支給」「助成金の支給」からなっている。「雇用納付金の徴収」とは雇用率未達成の事業主から一定額を徴収するものであり，逆に，「雇用調整金，報奨金の支給」は雇用率以上に障害者を雇用している事業主に対して雇用調整金や報奨金を支給するものである。「助成金の支給」とは障害者を雇用するために事業主が行う職場環境の整備等にかかる費用を助成するものである。また，「職業リハビリテーション」を行う障害者職業センターや障害者就業・生活支援センターがある。

■参考文献
・社会福祉の動向編集委員会編『社会福祉の動向2021』中央法規出版，2021年
・社会福祉法人大阪ボランティア協会編『福祉小六法2021』中央法規出版，2020年

第10章

近年の社会福祉施策の動向

新型コロナウイルスの感染拡大

　2020（令和2）年1月から急速に拡大した新型コロナウイルス感染症は，私たちの生活を一変させた。いわゆる「3密」を回避する生活様式をあらゆる場面で求められ，仕事はもちろん冠婚葬祭のあり方までを変えた。人流を抑制し「3密」を回避するためのリモートワークの推奨，自粛・閉じこもり生活の進展，教育・学生への影響など，例をあげればきりがない。

　そして，その影響を，社会的に弱い立場の人ほど受けやすく，これまで潜在化していた問題を一気に顕在化させたともいえる。失業者の増加と生活保護の受給件数の増加，自殺する人の増加（図10-1），特に女性の占める割合の増加など，例をあげればきりがない。こうした問題は，個人に現れるだけでない。家庭内でのドメスティック・バイオレンス（DV）や世帯員に対する虐待など，世帯単位でより問題が深刻化し，複雑化している。

　以上のようなさまざまな問題の噴出が顕著になってきたにもかかわらず，その対応は時機を逃さず適切に行えているかというとそうではない。

　新型コロナウイルス感染症の影響により生活に困窮する世帯に対しては，当初，生活福祉資金の緊急小口資金や総合支援資金等の特例貸付などによる支援が行われてきた。しかしながら，新型コロナウイルス感染症による影響が長期化する中で，総合支援資金の再貸付期間が終了するなどにより，特例貸付を利用できない世帯が出てきた。こうした世帯に対して，就労による自立を図るため，また，それが困難な場合には円滑に生活保護の受給へつなげるために，政府・厚生労働省では，新型コロナウイルス感染症生活困窮者自立支援金を支給することとした。

　政府が状況をみながら必要な対応を講じてはいるものの，対応を必要とす

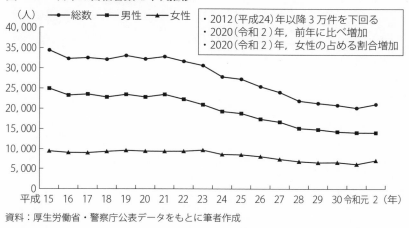

図 10-1　日本の自殺者数の年次推移

資料：厚生労働省・警察庁公表データをもとに筆者作成

る人の絶対数が想定以上の速度で増加してきた。加えて制度の隙間からもれる人や，現行の法制度では対応できない事態が増加し，問題の深刻化，重大化が進んでおり，より柔軟な対応を迅速に行っていくことが喫緊かつ重要な課題となった。

　顕在化してきた問題はその多くが日本社会において構造的につくり出されたものであり，その対応も社会的に講じなければ解決していくことは難しいといえる。

　新型コロナウイルスの感染拡大の影響は，障害者にも及んでいる。厚生労働省は 2021（令和 3）年 6 月 25 日に，「令和 2 年度　ハローワークを通じた障害者の職業紹介状況」などの取りまとめ結果を公表した。

　ハローワークにおける障害者の新規求職申込件数は 21 万 1926 件で，対前年度比 5.1％減となり，1999（平成 11）年度以来，21 年ぶりに減少した。また，就職件数は 8 万 9840 件で，対前年度比 12.9％減となり，2008（平成 20）年度以来，12 年ぶりに減少した（表 10-1）。

　就職率（就職件数／新規求職申込件数）は 42.4％で，対前年度差 3.8 ポイント減となった（表 10-1）。

　新型コロナウイルス感染症の影響もあり，「製造業」「宿泊業，飲食サービス業」「卸売業，小売業」といった障害者が比較的応募しやすい業種の求人

表 10-1　2020（令和 2）年度障害種別就職件数等の集計結果表

障害種別	就職件数(件)	対前年度差（比）	就職率（％）（対前年度差）
身体障害者	20,025	↘5,459件減（↘21.4％減）	↘34.7（↘6.4ポイント減）
知的障害者	19,801	↘2,098件減（↘9.6％減）	↘57.7（↘1.7ポイント減）
精神障害者	40,624	↘8,988件減（↘18.1％減）	↘42.6（↘3.6ポイント減）
その他の障害者（＊）	9,390	↗3,222件増（↗52.2％増）	↗38.2（↗1.6ポイント増）
合計	89,840	↘13,323件減（↘12.9％減）	↘42.4（↘3.8ポイント減）

＊：「その他の障害者」とは，身体障害者・知的障害者・精神障害者以外の障害者をいい，具体的には，障害者手帳を所持しない発達障害者，難病患者，高次脳機能障害者など。ただし，令和 2 年 1 月のハローワークシステム刷新の影響により，障害者手帳を所持する人も一部計上されている。

資料：厚生労働省「令和 2 年度　ハローワークを通じた障害者の職業紹介状況などの取りまとめ」2021年 6 月25日報道発表資料

数が減少するとともに，求職者の就職活動が感染拡大により抑制されたことが，就職件数の減少につながったと考えられると，厚生労働省は指摘している。

　障害者雇用については，障害者の一般就労を拡充するための制度の見直しが進められてきたことを受け，就職件数が右肩上がりの増加を続けてきたが，新型コロナウイルスに伴う日本経済への影響が直接現れた結果となった。

　一方，障害者の解雇が増えている。2020（令和 2）年 4 月～ 9 月の障害者の解雇数は全国で1213人に上り，2019（令和元）年の同時期に比べ342人，率にしておよそ40％増えている。

　これまでにも2008（平成20）年のリーマンショックや2011（平成23）年の東日本大震災など，大きく経済状況が影響を受ける出来事があったが，企業の法定雇用率など制度により守られていることで，障害者の雇用数が大きく減ることはなかった。新型コロナウイルス感染症の及ぼす影響の大きさを示しているといえよう。

深化・拡大する
貧困問題

　2009（平成 21）年，政権交代となり，厚生労働省は「相対的貧困率」を初めて公表した（2009（平成 21）年 10 月 20 日）。2007（平成 19）年調査では貧困率 15.7％で，7 人に 1 人以上が貧困状態にあるという[1]。2012（平成24）年度には 16.3％に上昇し，6 人に 1 人が貧困状態になっている。

　さらに，日本財団こどもの貧困対策チームは，6 人に 1 人いるとされる子どもの貧困を放置すると，年間約 40 兆円もの所得が失われ，財政収入が 16兆円失われ，国民一人ひとりの負担がさらに増えると警鐘を鳴らした[2]。

　また，厚生労働省「平成 21 年国民生活基礎調査」などから推計した日本全体の貧困率と貧困世帯数についてみてみると，「世帯貧困率が 25.1％，貧困世帯数は 1204 万 9300 世帯という膨大な数値を示している。日本中の全世帯の 4 分の 1 以上が，生活保護制度によって公的に保障されるはずの所得水準と同等又はそれ以下の所得で生活している[3]」との指摘があり，現代日本における貧困のすさまじい実態がわかる。

　厚生労働省が公表した「被保護者調査」の結果によれば，2017（平成 29）年度の月平均の保護世帯数は 164 万 854 世帯となり，過去最多を更新した。そして，2016（平成 28）年度 1 か月平均値では 65 歳以上の高齢者世帯（高齢者だけか，高齢者と 18 歳未満の子どもで暮らす世帯）が初めて 5 割を超

1　詳しくは，厚生労働省「相対的貧困率公表について」2009（平成 21）年 10 月 20 日，「子どもがいる現役世帯の世帯員の相対的貧困率の公表について」2009（平成 21）年 11 月 13日を参照のこと。
2　日本財団子どもの貧困対策チーム『徹底調査 子供の貧困が日本を滅ぼす―社会的損失40 兆円の衝撃』文藝春秋，2016 年
3　唐鎌直義『脱貧困の社会保障』旬報社，p.287，2012 年

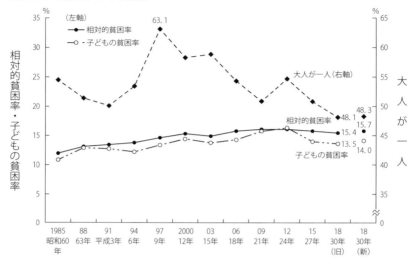

図 10-2 貧困率の年次推移

注：1） 1994（平成6）年の数値は，兵庫県を除いたものである。
　　2） 2015（平成27）年の数値は，熊本県を除いたものである。
　　3） 2018（平成30）年の「新基準」は，2015年に改定された OECD の所得定義の新たな
　　　 基準で，従来の可処分所得から更に「自動車税・軽自動車税・自動車重量税」，「企業
　　　 年金の掛金」及び「仕送り額」を差し引いたものである。
　　4） 貧困率は，OECD の作成基準に基づいて算出している。
　　5） 大人とは18歳以上の者，子どもとは17歳以下の者をいい，現役世帯とは世帯主が18歳
　　　 以上65歳未満の世帯をいう。
　　6） 等価可処分所得金額不詳の世帯員は除く。
出典：厚生労働省「2019年国民生活基礎調査 結果の概要」2020年

え（51.4％），単身世帯を中心とした高齢者の貧困が受給者数を押し上げて
いる実態が浮かぶ。その実数は83万7029世帯，うち約9割は1人暮らし
となっている。

第
3
節

人材確保の問題

コロナ禍にあって，保健，医療，介護，福祉は，私たちの生活の基盤に不可欠な資源であり，そこで従事する労働者はエッセンシャルワーカーとしてきわめて重要な存在であることがあらためて社会で認識された。しかしながら，コロナ禍になる前から慢性的な人材不足は深刻な状況であり，介護事業などの経営にも影響を及ぼしてきた。

2011（平成23）年以降，老人福祉・介護事業の倒産件数は増え続けている。図10-3のグラフは，負債総額1000万円以上のものを計上したもので，1000万円未満の負債規模の小さい事業所は含まれていない。また，事業の休止，廃業をしている事業者を含めて考えると相当な数の事業者に上る。事

図10-3　老人福祉・介護事業の倒産　年次推移

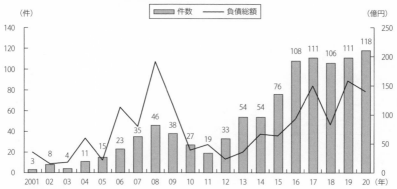

注：負債総額1000万円以上のもの
資料：東京商工リサーチ作成

業の倒産，休止，廃業の要因の一つに慢性的な人材不足により必要な人員を確保できないことがあげられている。

　こうした状況の中で，あらためてその存在の重要性と今後のあり方が問われたのが社会福祉法人であった。2016（平成28）年3月，「社会福祉法等の一部を改正する法律」の成立により，社会福祉法人は「地域における公益的な取組」を義務化された。地域共生社会の実現に向けた地域づくりを進めていく観点からもその必要性が指摘され，原則として，法人の利用者以外の者であって，地域において，心身の状況や家庭環境，経済状況等により支援を必要とする者を対象とするとしている。そして，「地域における公益的な取組」は，法人が単独で行わなければならないものではなく，複数の法人で連携して行うことも差し支えないとしている[4]。

　政府・厚生労働省は，社会福祉法人の再編統合を進め，総数を減らすことを意図して，社会福祉連携推進法人制度を創設した（2020（令和2）年6月公布の改正法による）。これはすでに施行されている医療連携推進法人制度の社会福祉法人版である。少子高齢化，さらには人口減少が加速する中で，担い手となる人材確保が困難になること，そしてサービス利用者も減少に転ずることを見越して，地域単位で社会福祉法人の再編統合を進めることで対処していこうとするものであり，社会福祉法人は今後の事業運営を推進していくうえで転換期を迎えている。こうした動きに拍車をかけているのが，事業の維持，継続の難しさである。

　「地域包括ケア研究会報告書—2040年に向けた挑戦」（2017年3月）では，今後のサービス提供事業者の選択肢として次の四つを示していた。選択肢①「現状維持」，選択肢②「法人規模の拡大」，選択肢③「他事業者・法人との連携」，選択肢④「経営統合」，このうち②〜④いずれかの選択が，法人規模の大小にかかわらず，地域ニーズに応えるうえでも，法人経営持続性の観点からも不可欠であるとしている。

　ところで，政府・厚生労働省は，2000（平成12）年の介護保険制度施行

4　厚生労働省社会・援護局福祉基盤課長通知「社会福祉法人による「地域における公益的な取組」の推進について」（平成30年1月23日社援基発0123第1号）

以降，契約締結を基本とした介護や福祉サービスの提供を進めてきたが，契約締結に至らない，あるいは契約締結に結びつきにくい支援事例が増える中，アウトリーチによる相談支援とアウトリーチを可能とする法令の整備が欠かせなくなった。そのためこうした取り組みを実践できるソーシャルワーク専門職の確保に向け，社会福祉士，精神保健福祉士の養成課程見直しを行い，新たなカリキュラムを 2021（令和3）年度入学生から実施している。社会福祉士，精神保健福祉士は，ソーシャルワークの専門職として，地域共生社会の実現に向け，多様化・複雑化する地域の課題に対応するため，他の専門職や地域住民との協働，福祉分野をはじめとする各施設・機関等との連携といった役割を担っていくことが期待されている。

　いずれにしろ人材確保の問題については，一法人だけで解決し得る問題ではなく，政府・厚生労働省が中長期的な対策を講じることが不可欠である。また，各地域のサービス提供体制を適切に整備し確保していくためには，事業者の主体性に任せたやり方では限界に来ている。「地域包括ケア研究会報告書」でも指摘されているとおり，自治体が地域マネジメントしていくことが重要である。

第**4**節 司法と福祉

1 司法領域におけるソーシャルワーク専門職の必要性

　すでに述べたとおり，矯正施設をはじめとして司法領域において社会福祉士等のソーシャルワーク専門職の配置が進められている。

　山本譲司が『累犯障害者』[5]を著したことで矯正施設における障害者の存在が広く社会に知られるようになった。障害者や高齢者など，ソーシャルワークを必要とする人々の存在が明らかになるとともに，再犯率の高さが指摘され，矯正施設の運営等にかかる予算を抑制するためにも，再犯率を低下させる取り組みが求められている。居場所づくりを含めた地域共生社会の実現は，司法の領域からも喫緊の課題となっている。

　また，アルコール，薬物，ギャンブル等の各依存症の人の犯罪行為については，単に罰するだけでなく，依存症の治療・リハビリテーションが欠かせない。そこでもソーシャルワーク専門職，特に精神保健福祉士のかかわりが重要となってくる（図10-4）。

5　山本譲司『累犯障害者』新潮社，2009年

図10-4　精神保健福祉士の役割の拡大

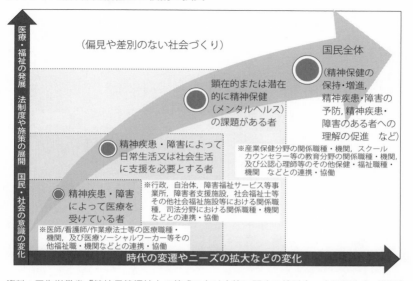

資料：厚生労働省「精神保健福祉士の養成の在り方等に関する検討会」中間報告書（概要）
2019年3月29日

2 高齢者世帯の貧困化と軽犯罪の増加

　こうした状況を反映してか，ここ数年，週刊誌や経済誌でも特集テーマに「貧困」の文字が頻回に取り上げられるようになった。その一つ，『日経ビジネス[6]』では，「あなたに迫る老後ミゼラブル」と題し，「孤独死」「認知症」「犯罪」を3大ミゼラブルとしている。実際，法務省の調査[7]（2015（平成27）年）によると，65歳以上の受刑者のうち，認知症の疑いのある人は約1100人（17.0％）と推計される。そして，刑務所で服役する高齢者は増加傾向にあり，

6　『日経ビジネス』2015年9月14日号，日本経済新聞社
7　法務省法務総合研究所編『犯罪白書　平成27年版』2015年

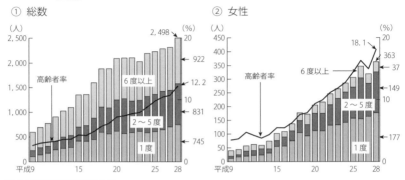

図 10-5　高齢者の入所受刑者人員（入所度数別）・高齢者率の推移（総数・女性別）

注 1：矯正統計年報による。
　　2：入所時の年齢による。
　　3：「高齢者率」は，入所受刑者総数及び女性の入所受刑者に占める高齢者の比率をいう。
出典：法務省法務総合研究所編『犯罪白書　平成29年版』p.187，2017年

最近20年間で大幅に増加している。2016（平成28）年は，1997（平成9）年と比べると，総数で約4.2倍に，女性では約9.1倍となっている。高齢者率も上昇傾向にあり，特に女性の高齢者率は，その傾向が顕著であって，2016（平成28）年は前年より3.1ポイント上昇した（図10-5）。

　累犯，再犯の問題は高齢者に限ったことではない。法務省の調べでは，1948（昭和23）年から2006（平成18）年までの間に刑が確定した人のうち，100万人を無作為に抽出し，これらの対象者の傾向等について調査分析を行った結果，犯罪者別で見ると，初犯者が71.1％であるのに対して，再犯者は28.9％となっていた。

　これをそれぞれが起こした事件の数で見ると，初犯者による事件は42.3％であるのに対し，再犯者による事件は57.7％となっている（図10-6）。

　つまり，日本では，約3割の再犯者により，約6割の犯罪が行われている実情にあるといえる。

　図10-7は1993（平成5）年から2012（平成24）年までの，刑事施設への再入者の動向を示したものである。再入者数自体は，2006（平成18）年をピークに，その後減少しているが，入所者全体に占める再入者の割合は，2004（平成16）年から毎年上昇し続けており，2012（平成24）年は

図 10-6　日本における再犯者の実態・動向

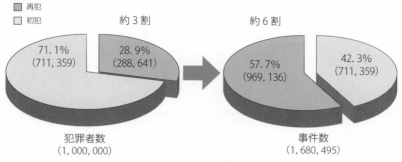

出典：法務省法務総合研究所編『犯罪白書 平成19年版』2007年

図 10-7　入所受刑者人員・再入所者率の推移

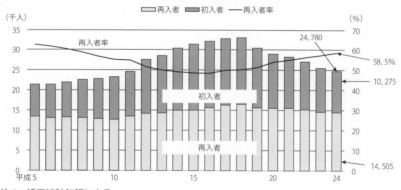

注１：矯正統計年報による。
　２：「初入者」は，受刑のため刑事施設に入所するのが初めての者をいい，「再入者」は，受刑のため刑事施設に入所するのが２度以上の者をいう。
　３：「再入者率」は，入所受刑者人員に占める再入者人員の比率である。
出典：法務省だより「あかれんが」第44号，2014年

58.5％と約６割に至っている。

　累犯，再入所の理由，背景として考えられるのが，「出所後，地域に居場所がない」や「人とのきずながない（孤立）」などの社会的孤立の問題である（図10-8，図10-9）。

　累犯，再入所を防ぐため，国は刑務所等の矯正施設を出所した人たちの地域社会での生活を支えるため，2009（平成21）年より地域生活定着支援セ

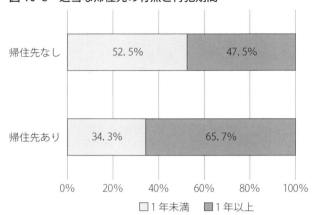

図 10-8　適当な帰住先の有無と再犯期間

出典：法務省だより「あかれんが」第44号，2014年

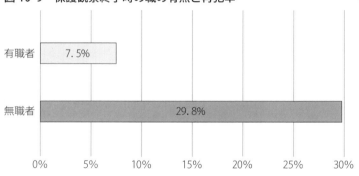

図 10-9　保護観察終了時の職の有無と再犯率

出典：法務省だより「あかれんが」第44号，2014年

ンターを整備し，社会福祉士等を配置してきた。矯正施設入所中から，出所した後の地域での生活を想定した支援を継続的に行うことを始めたのである。

　また，政府は 2017（平成 29）年度から受刑者の高齢化が著しい全国 32の刑務所・刑務支所に介護支援専門員を配置する方針を固めた。そして，出所後の生活支援のため，社会福祉士も増員する方向を示した。2016（平成28）年度では，刑事施設において 99 人，少年院において 16 人が配置され

るなど，社会福祉士の有資格者の配置が増えてきている[8]。

3 罪を犯した人も共に暮らせる地域共生社会の実現

　罪を犯した人も共に暮らせる地域共生社会の実現は，さまざまな領域に共通する理念であり，目標である。司法領域では，修復的司法を導入する動きもみられ，この動きは対話することを通して地域共生社会を実現していく取り組みである。孤立化し孤独になるのは，見方を変えれば，社会から排除され，関係性が断ち切られた結果ともいえる。ソーシャルワークの課題は，周囲との関係性をつないでいくことであり，そのことを通してソーシャルインクルージョン（社会的包摂）を実現させていくことである。

　自分とは違う人（例えば，考え方が違う人，迷惑に思える人など）と"共に暮らす地域社会"をつくるのか，それとも，その人たちを"排除し続ける地域社会"にするのか，その選択が私たちに迫られている。

　"誰にでもあてはまる生活"の実現か，それとも"その人らしい生活"の実現か。"誰にでもあてはまる生活"の実現は，あてはまらない人を排除することになる。"その人らしい生活"の実現は，多様な生き方を認めるものであり，地域共生社会の実現を推進するものであることを，私たちは自分自身のこととしてとらえ行動していかねばならない。

8　法務省矯正局調べ（非常勤の社会福祉士の人数）

編著者一覧

編者

西村　昇
にしむら　のぼる
社会福祉法人コージー南国相談支援事業室長
高知学園短期大学歯科衛生学科非常勤講師

日開野博
ひがいの　ひろし
四国大学非常勤講師

山下正國
やましたまさくに
元・高知福祉専門学校社会福祉学科専任教員

著者

泉　浩徳
いずみ　ひろのり
今治明徳短期大学学長
……第4章第1節

小野浩孝
お　の　ひろたか
帝京短期大学こども教育学科
こども教育専攻講師
……第3章第1節, 第9章第3節

金子　努
かね　こ　つとむ
県立広島大学保健福祉学部人間福祉学科教授
……第10章

鎌田　綱
かま　だ　こう
四国医療福祉専門学校介護福祉学科専任教員
……第4章第4節

木内哲二
きのうちてつじ
四国大学短期大学部人間健康科
介護福祉専攻教授
……第4章第3節

河内康文
こうちやすふみ
高知県立大学社会福祉学部社会福祉学科准教授
……第1章第4節

近藤鉄浩
こんどうてつひろ
宇部フロンティア大学短期大学部
保育学科教授
……第1章第1節・第2節

正長清志
しょうながきよし
山口短期大学児童教育学科教授
……第2章第2節

鈴木孝典
すず　き　たかのり
大正大学社会共生学部社会福祉学科准教授
……第8章

中山忠政
なかやまただまさ
弘前大学教育学部講師
……第4章第2節

西村　昇
にしむら　のぼる
編者
……まえがき, 第1章第3節,
第4章第5節, 第9章第1節・第2節

日開野博
ひがいの　ひろし
編者
……第5章第1節～第3節

古川愛梨
ふるかわ　あ　えり
四国大学短期大学部幼児教育保育科講師
……第5章第4節, 第7章

溝渕智則
みぞぶちとものり
社会福祉法人愛生福祉会理事・
四万十看護学院非常勤講師
……第2章第1節

盛清紀之
もりきよのりゆき
社会福祉法人赤磐市社会福祉協議会
赤磐市地域包括支援センター
……第6章

山下正國
やましたまさくに
編者
……第3章第2節・第3節

七訂版　社会福祉概論
その基礎学習のために

1998年 5 月 5 日	初　版　発　行
2001年 5 月15日	改 訂 版 発 行
2006年 4 月10日	三 訂 版 発 行
2010年 3 月25日	四 訂 版 発 行
2013年 4 月 5 日	五 訂 版 発 行
2017年 4 月 1 日	六 訂 版 発 行
2022年 1 月 1 日	七 訂 版 発 行
2023年11月25日	七訂版第 2 刷発行

編　著　西村昇・日開野博・山下正國
発行者　荘村明彦
発行所　中央法規出版株式会社
　　　　〒110-0016　東京都台東区台東3-29-1　中央法規ビル
　　　　TEL　03-6387-3196
　　　　https://www.chuohoki.co.jp/
印刷・製本　株式会社太洋社
ブックデザイン・イラスト　mg-okada

ISBN978-4-8058-8416-4